编委会

人工智能与机器人技术STEAM教育系列教材

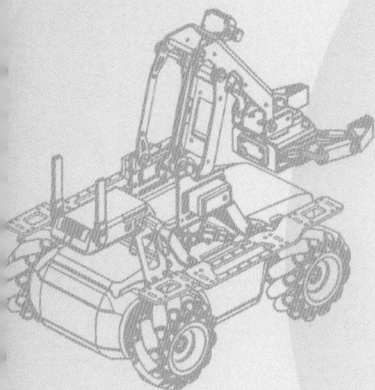

EP机器人
拓展与实战

喻晓伶　王伟健　周宇鹏　主　编

张　东　孟峻霆　郭重仪　副主编

暨南大学出版社

JINAN UNIVERSITY PRESS

中国·广州

图书在版编目（CIP）数据

EP 机器人拓展与实战 / 喻晓伶，王伟健，周宇鹏主编；张东，孟峻霆，郭重仪副主编. —广州：暨南大学出版社，2024.10
人工智能与机器人技术 STEAM 教育系列教材
ISBN 978-7-5668-3822-3

Ⅰ.①E… Ⅱ.①喻… ②王… ③周… ④张… ⑤孟… ⑥郭… Ⅲ.①智能机器人—中小学—教材 Ⅳ.①G634.671

中国国家版本馆 CIP 数据核字（2023）第 235455 号

EP 机器人拓展与实战
EP JIQIREN TUOZHAN YU SHIZHAN
主　编：喻晓伶　王伟健　周宇鹏　副主编：张　东　孟峻霆　郭重仪

出 版 人：阳　翼
策划编辑：姚晓莉
责任编辑：许碧雅
责任校对：刘舜怡　黄亦秋
责任印制：周一丹　郑玉婷

出版发行：暨南大学出版社（511434）
电　　话：总编室（8620）31105261
　　　　　营销部（8620）37331682　37331689
传　　真：（8620）31105289（办公室）　37331684（营销部）
网　　址：http：//www.jnupress.com
排　　版：广州市广知园教育科技有限公司
印　　刷：佛山市浩文彩色印刷有限公司
开　　本：787mm×1092mm　1/16
印　　张：14
字　　数：250 千
版　　次：2024 年 10 月第 1 版
印　　次：2024 年 10 月第 1 次
定　　价：88.00 元

序

智能技术是现代工业革命的表征，它引导着各行各业全球性技术的创新和创造。智能机器人是人工智能和机器人技术的综合应用和功能性载体。智能机器人的出现将使社会结构、社会文化发生划时代的变革。因此对人工智能与机器人技术的科技普及和深入学习是非常重要的，不仅大学生要学、要探索和研究，中小学生也需要做基本知识的普及。

我国的各级机器人大赛，是综合人工智能与机器人技术的教学实践平台，是集战术谋略、机动制胜与先进技术于一体的训练场。从 2002 年开始，我国先后有近 100 所高等院校参加的 RoboMaster 机甲大师赛、亚洲—太平洋广播联盟组织的 Robocon 机器人大赛以及计算机行业组织的各类机器人大赛等，它们均是为普及智能机器人技术知识及应用所做出的努力，并且都发挥了显著的作用。

本书副主编之一、华南理工大学机器人创新基地负责人张东亲自参加了2002 年在我国举办的首届 Robocon 机器人大赛，然后又带队参加各届RoboMaster 机甲大师赛（先后获得 2 次全国总冠军和 3 次全国季军），并指导了历届 Robocon 赛事。张东以其 20 多年的亲身经历和指导学生的经验，在人工智能与机器人技术的教学实践过程中凝炼创新人才培养的方法，同时进行总结，以期推动智能机器人技术的普及和应用。

这是一本理论与实践密切结合的好书，是一本学以致用的指导教材，它将推动智能机器人技术的普及和应用。该书不仅适用于各类学生，也可供初级工程技术人员参考。

谢存禧

华南理工大学机器人学首席教授

2024 年 2 月

前　言

人工智能技术的快速发展预示着一个全新时代的到来，世界各国已经充分意识到人工智能是未来国家之间竞争的关键赛场，纷纷开始部署战略规划，试图抢占人工智能领域研究与实践的高地。

国务院发布的《新一代人工智能发展规划》提出要"广泛开展人工智能科普活动"，"在中小学阶段设置人工智能相关课程，逐步推广编程教育"。作为智能时代的一项重要技能，编程能力逐渐被国际产业界和教育界所重视，日益成为世界各国进行创新性人才培养战略的实施重点。

与此同时，我国新一轮科技革命以及智能制造的蓬勃发展，迫切需要具备工程实践、创新创业等综合能力的人工智能与机器人技术相关创新型人才。青少年是国家科技人才的后备军，我们应该着力培养与树立其在人工智能相关领域的创新精神与实践能力，为其在即将到来的人工智能时代的学习、工作、生活做好准备。在人工智能与机器人技术教学过程中融入 STEAM 教育理念，引导学生求知探索，让学生在"做中学，学中做"，培养学生的工程实践能力与创新意识显得尤为重要。本书是以 STEAM 教育理念为核心，即综合科学（Science）、技术（Technology）、工程（Engineering）、艺术（Art）、数学（Mathematics）等知识，在 EP 机器人课程设计上以培养学生的知识综合能力、创新实践能力，以及用科学的方法解决实际问题的能力为基础教学目标，同时与基础教育当中的数学、科学、物理、信息技术、通用技术五大学科深度融合，为未来学生的多学科学习奠定良好的基础。本书共有七个章节，主要内容如下：

第 1 章介绍 EP 机器人的整体结构以及各个部件的功能，并对如何连接 EP 机器人进行了详细的说明。

第 2 章讲述 EP 机器人云台和底盘的知识，包括扭腰闪避、全向移动、闪电突袭等技能。

第 3 章介绍 EP 机器人的灯效和音效，包括使用对讲机、让机器人唱歌以及创建和调用函数等技能。

第 4 章介绍 EP 机器人中各个传感器的位置和作用，简要讲述了它们的原理和对应编程模块的使用。

第 5 章介绍 EP 机器人的智能识别，如声音识别、手势/姿势识别等，并着重介绍了相关的基础知识与原理。

第 6 章从原理出发介绍标签跟随与巡线，并结合前面的章节，引导读者从检测开始，到设计特征筛选，最后控制执行器执行任务。

第 7 章主要介绍 EP 机器人工程形态中的机械臂和机械爪的原理和电控方法，包括连杆的结构与性质、运动学原理，以及舵机驱动原理与编程控制方法。

社会真正需要的并非只会考试的孩子，而是真正能够解决问题的、能够为社会做出贡献、能让世界发生改变的创新型人才，因此坚韧、乐观、谦虚、包容、勇敢、创新、变通、共情、自信、自立、进取、勤奋、认真、负责、自律、诚实、正直、忠诚、善良、节俭、感恩、自省、尊重他人、愿意分享、主动学习、善于沟通与合作、热爱生命、崇尚运动、珍惜时间、执行力强、具体问题具体分析、知行合一等任何一种品质都比考试分数重要得多，对人生的影响也更深远。这些优秀的品质是需要通过具体实践一点一点培养起来的，而青少年人工智能与机器人技术 STEAM 教育可以很好地成为青少年科技创新培养的载体。

在本书的撰写过程中，华南理工大学机器人创新基地、广州市荔湾区青少年宫、深圳市大疆创新科技有限公司给予了大力支持，在此对所有关心和支持青少年人工智能与机器人技术 STEAM 教育的奉献者们表示衷心的感谢！

编　者
2024 年 2 月

目 录
CONTENTS

第1章
EP机器人

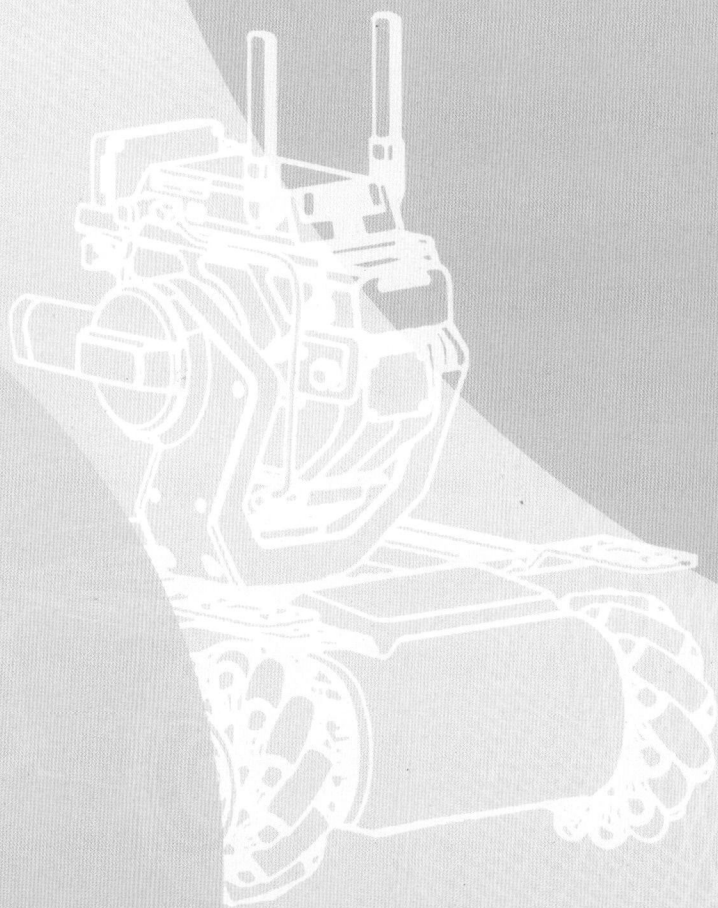

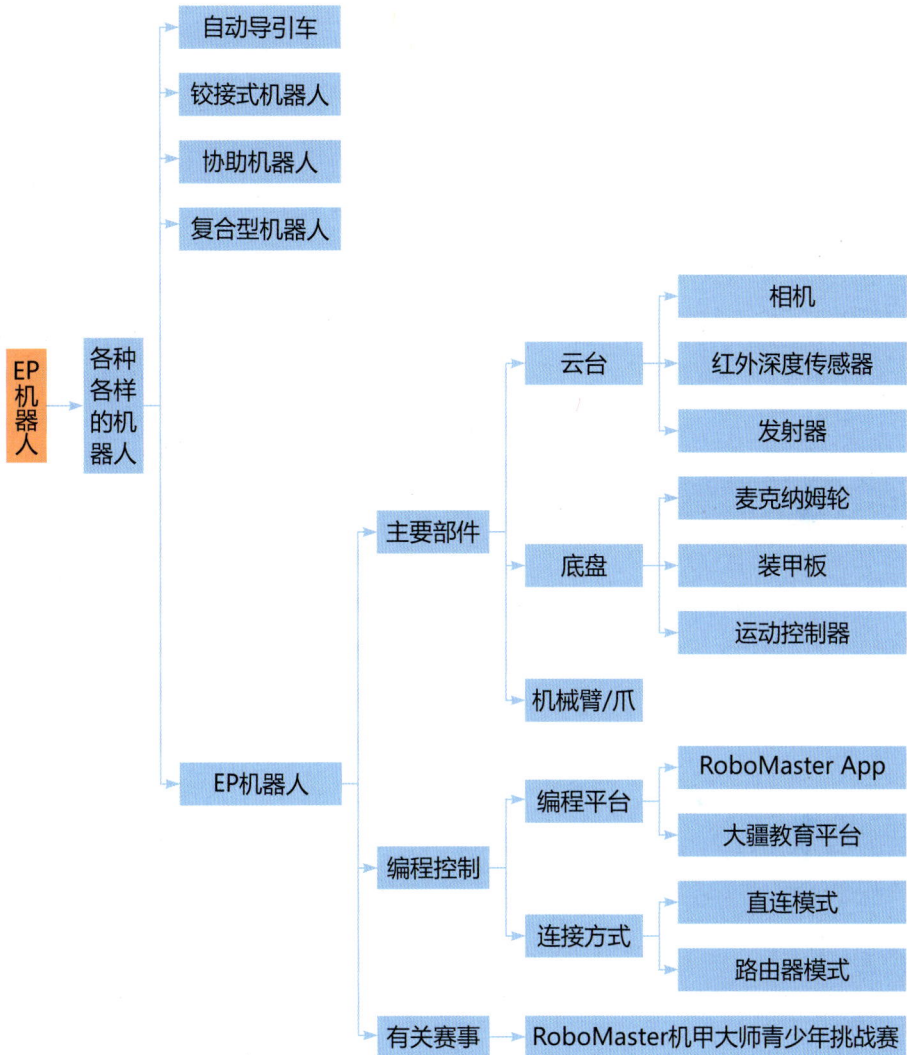

图1-1　第1章知识树

1.1 EP 机器人介绍

🖑 学习目标

1. 了解 EP 机器人的基本知识。
2. 掌握 EP 机器人连接 RoboMaster App 的方法。
3. 了解两类 EP 机器人的共同之处以及各自的特点。

📚 情景导入

生活中有各种各样的机器人，比如扫地机器人、服务机器人；在工业上有搬运机器人、焊接机器人等。EP 机器人也是一种机器人，它有着独特又有趣的功能。在学习 EP 机器人的相关知识之前，我们需要大致了解 EP 机器人究竟是一种什么样的机器人，对 EP 机器人有一个初步的认识，以便进行接下来的学习。

1.1.1 各式各样的机器人

机器人（robot）是一种能够半自主或全自主工作的智能机器。它能够通过编程和自动控制来执行诸如作业或移动等任务。机器人具有感知、决策、执行等基本功能，可以辅助甚至替代人类完成危险、繁重、复杂的工作，提高工作效率与质量，服务人类生活，扩大或延伸人的活动及能力范围。不论是在我们的生活中还是在军事上，或是在对未知事物的探究中，都有着各式各样的机器人。

自动导引车是一种移动机器人，它可以在工业场景中执行仓库物料储存和搬运等任务（见图 1-2）。早在 1954 年，美国的一家公司就制造出了世界上第一台自动导引车。当时的技术只能让它沿着地面上的电缆线移动，而现今的技术已经大幅进步，自动导引车可以通过电磁或激光等感应设备在地面或墙壁上识别位置和方向，实现更加精准的导航和控制。

铰接式机器人是最常见的机器人类型之一，也被称为机械臂（见图 1-3）。该机器人的设计目的是模仿人类手臂的动作，使用多个旋转关节实现灵活的运动。它被广泛应用于各种工业领域，执行如电弧焊接、材料处理、机器维护和包装等任务。

协助机器人是一类与人类共同工作的机器人（见图1-4）。为了实现这个目的，它需要能够随时与电脑进行连接和调整工作流程，同时具有内置视觉和影像处理功能，以及高度识别物体的能力。为了避免与人类碰撞，协助机器人必须配备安全感应器。目前，这些机器人正逐渐普及，普遍应用于危险或繁重的工作中。

复合型机器人是一种组合多种不同类型机器人实现不同功能的产品（见图1-5）。例如，它可以将自主移动底盘和机械臂组合起来，既可以移动又能执行抓取动作，还可以结合运算能力或者机器学习技术，以满足不同的工作需求。在工业生产和服务领域，复合型机器人正在被广泛应用。

图1-2　自动导引车

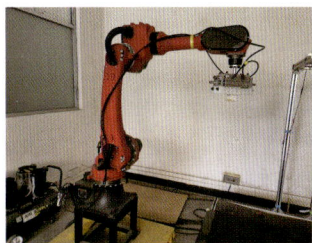

图1-3　铰接式机器人

图1-4　协助机器人

图1-5　复合型机器人

1.1.2　EP 机器人简介

机甲大师 EP（RoboMaster EP）是一款基于深圳市大疆创新科技有限公司（DJI）发起的为 RoboMaster 比赛而打造的教育机器人拓展套装，融入完整教育解决方案体系。RoboMaster EP 支持 RoboMaster S1（见图1-6）的所有功能，且加入 DJI 自研舵机、机械臂、机械爪等模块，开放 DJI 官方 SDK（Software Development Kit，软件开发工具包），兼容第三方开源平台硬件及第三方传感器，并且配套有 DJI 精心编制的机器人课程体系。

图 1-6　RoboMaster S1

　　EP 机器人分为步兵机器人（见图 1-7）和工程机器人（见图 1-8）两类，这两类机器人有着不同的机械结构，各自有独特的功能。在比赛中，EP 步兵机器人主要的功能便是击打敌方机器人，相应最突出的结构便是云台和发射器；而 EP 工程机器人主要的功能是夹取弹药瓶，相应最突出的结构便是机械爪。二者也有一些相似结构，例如底盘等一系列基础部件。

图 1-7　步兵机器人

图 1-8　工程机器人

不仅有基础的部件，DJI 还为 EP 机器人提供了多种可替换的部件（如图 1-9 所示），从而能够实现一机多形态，使 EP 机器人具备更多的可能性。

图 1-9　可替换的部件

EP 机器人不仅有着官方的额外扩展部件，基板平台还预留有 3 mm 直径及 8/16/32 mm 间隔的扩展孔位，孔位支持自由安装部件，还配备了结构杆件，方便同学们在此基础上拓展结构并进行灵活搭建，而且兼容乐高结构体系，让机甲和积木在课堂上碰撞出美妙的创意，如图 1-10 所示。

图 1-10　乐高积木 DIY 机器人

　　EP 机器人不仅有着可以 DIY 的乐高结构体系，还可以兼容第三方的开源硬件。EP 机器人支持触屏、体感、专用手柄，以及键盘和鼠标等多种操作方式，提供了多种玩法来满足使用者的需求。EP 机器人支持外接 micro: bit、Arduino、树莓派等第三方开源硬件，且能利用自身电池为它们供电，让它们轻松融入 EP 教育套件体系；同时，也支持通过人工智能芯片平台 Jetson Nano 和 SDK 进行模型训练和场景识别，帮助学生在实践中更深入地理解人工智能运作原理。

　　总而言之，EP 机器人不但有着官方健全的软、硬件支持，并且能够得到多种第三方硬件支持，可以在底盘基板上增加传感器转接模块来连接各种传感器，或者通过 SDK 协议，调用机器的视频流、坐标等参数，用 Python 编写复杂的代码。这些软、硬件支持对于开发者、教学者和学习者都非常便捷。

1.1.3　相关赛事：RoboMaster 机甲大师青少年挑战赛

　　RoboMaster 机甲大师青少年挑战赛是 DJI 的 RoboMaster 机甲大师团队专为全国中小学生打造的机器人射击对抗类团队竞技比赛。其比赛规则演变自 RoboMaster 机甲大师赛，并针对青少年的知识水平和技术能力特点进行了迭代优化，于 2020 年正式启动。

　　对战双方需要操作自主研发或改装的机器人在指定场地进行 4V4 战术射击对抗，操控机器人发射弹丸攻击对方机器人或基地。比赛设有工程机器人取弹，步兵机器人自主识别与巡线、激活能量机关，以及无人机（见图 1-11）基地破甲等多种任务。若比赛结束时，双方基地尚在，则基地剩余血量高的一方获得比赛胜利。参赛队伍将分为小学组（9～12 岁）、初中组（12～15 岁）和高中组（15～18 岁），分别竞技。

图 1-11　无人机 X1

任务探究

1. 用自己的语言描述 EP 机器人有什么样的特点，以及步兵机器人和工程机器人的相同和不同之处。

2. 分组体验操作机器人，尝试进行机器人对抗。

课后拓展

观看 RoboMaster 机甲大师赛或青少年挑战赛录像，感受机器人对抗的魅力，并简单书写观赛感受。（观赛网址：https://www.robomaster.com/zh-CN/resource/video? djifrom＝nav）

1.2　基本结构和组成

学习目标

1. 掌握步兵机器人和工程机器人的基本结构。

2. 了解各个基本结构分别可以实现哪些功能。

情景导入

如果要更加深入地学习 EP 机器人，我们需要了解它的基本结构，甚至尝试对 EP 机器人进行改装。

1.2.1　EP 机器人基本结构

步兵机器人和工程机器人的基本结构如图 1-12、图 1-13 所示：

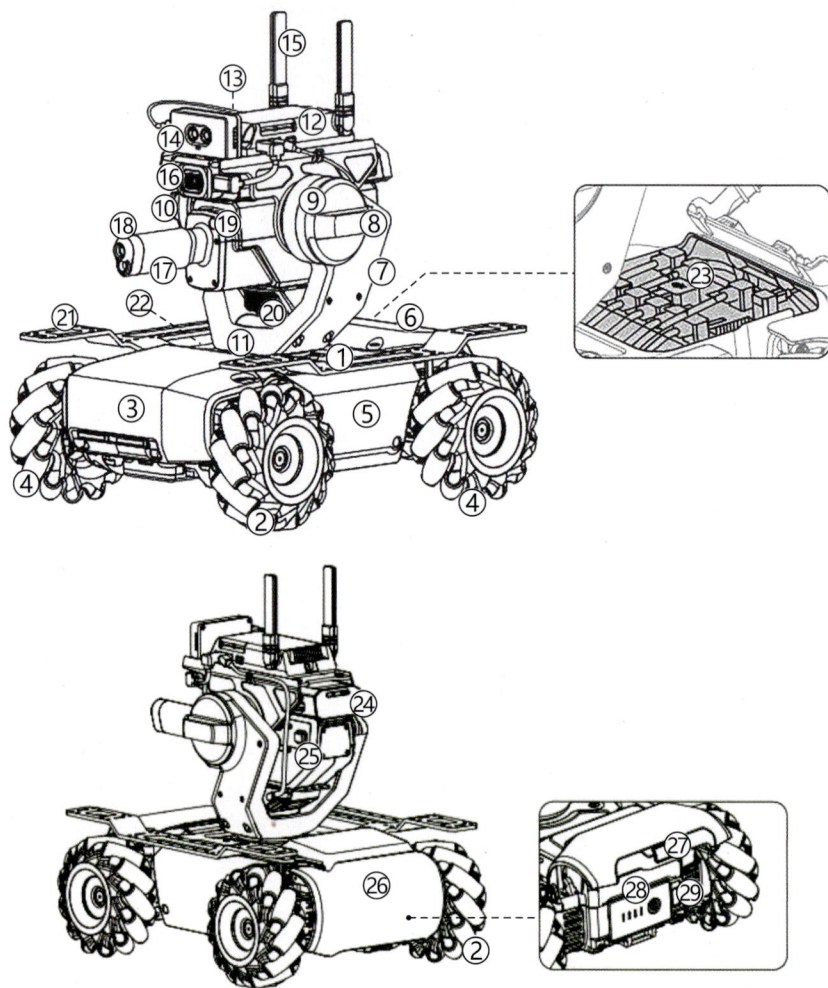

①底盘主体　②右旋麦克纳姆轮　③底盘前装甲（内置击打检测模块）　④左旋麦克纳姆轮　⑤底盘左装甲（内置击打检测模块）　⑥底盘后盖　⑦云台主体　⑧广角红外发射接收器　⑨云台装甲（内置击打检测模块）　⑩云台俯仰控制电机　⑪云台航向控制电机⑫智能中控　⑬microSD 卡槽　⑭红外深度传感器　⑮智能中控天线　⑯相机　⑰发射器⑱发射器弹道灯　⑲窄角红外发射器　⑳扬声器　㉑底盘拓展基板　㉒底盘右装甲（内置击打检测模块）　㉓运动控制器　㉔弹仓　㉕弹仓弹出按键　㉖底盘后装甲（内置击打检测模块）　㉗后装甲打开按键　㉘智能电池　㉙电池弹出按键

图 1-12　步兵机器人

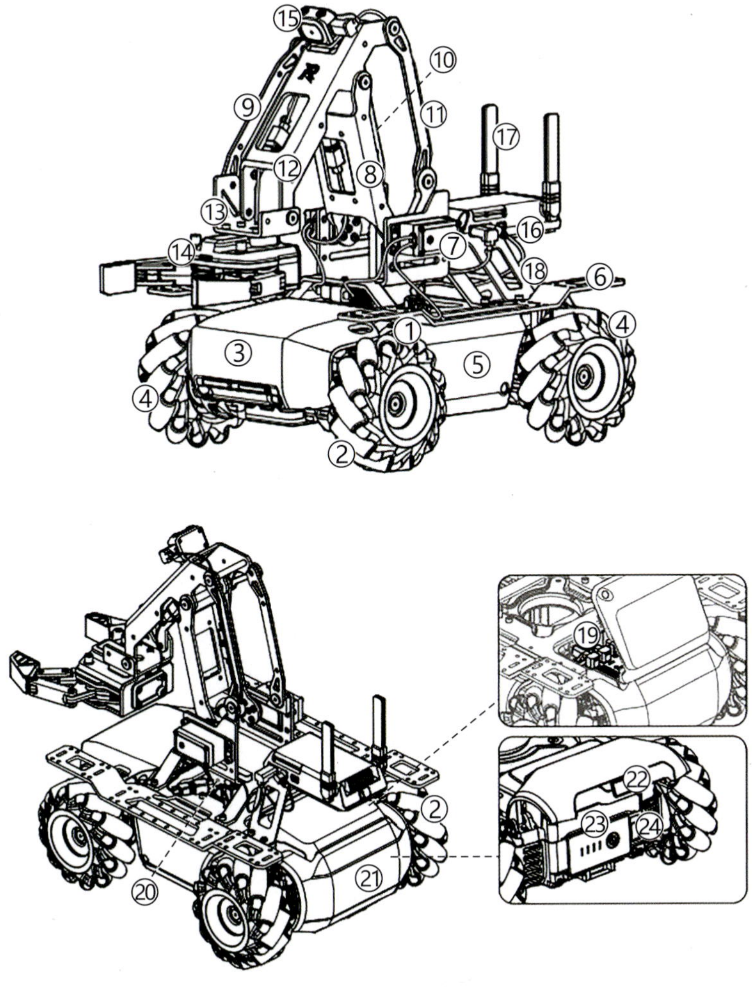

①底盘主体　②右旋麦克纳姆轮　③底盘前装甲（内置击打检测模块）　④左旋麦克纳姆轮　⑤底盘左装甲（内置击打检测模块）　⑥底盘拓展基板　⑦舵机　⑧机械臂一级臂　⑨机械臂 1 连杆　⑩机械臂 2 连杆　⑪机械臂 3 连杆　⑫机械臂二级臂　⑬机械臂末端接口　⑭机械爪　⑮相机　⑯智能中控　⑰智能中控天线　⑱底盘拓展尾板　⑲运动控制器　⑳扬声器　㉑底盘后装甲（内置击打检测模块）　㉒后装甲打开按键　㉓智能电池　㉔电池弹出按键

图 1-13　工程机器人

　　RoboMaster EP 可拼装成步兵机器人或工程机器人。两种形态的机器人共用一套麦克纳姆轮全向底盘。全向底盘主要由底盘主体、装甲、四个麦克纳姆轮、四个无刷电机电调和底盘运动控制器组成，可敏捷移动，配合相机的拍摄和第一人称视角（FPV），优化操控体验。

步兵机器人和工程机器人的底盘大致相同，但是由于兵种功能不同，步兵机器人拥有云台发射器而工程机器人拥有机械臂和机械爪。

步兵机器人具有灵活转动的两轴云台，发射器可准确、稳定、连续地发射水晶弹或红外光束，并且伴随炫酷的灯效和声音，在机器人对战过程中可以用于攻击敌方机器人装甲板。

工程机器人的机械臂在舵机的驱动下能够灵活运动，机械爪可以实现抓取多种物品，在机器人对战中可以作为辅助兵种夹取弹药，补给步兵机器人。

EP 底盘预留了大量的扩展孔，可以用于机器人的扩展和自定义改装。

1.2.2　EP 机器人核心组件

1. EP 相机

相机模块采用 1/4 英寸传感器，拍摄像素为 500 万。相机可以获取画面图像并通过图片影像传输（简称图传）设备将图像传输到操作界面，帮助玩家使用第一人称视角操作机器人。如果图传画面模糊或者有亮点，可能是镜头上沾了一些污渍，需要擦干净后使用。请用专门擦镜头的工具，切忌用手直接擦拭镜头。EP 相机如图 1-14 所示。

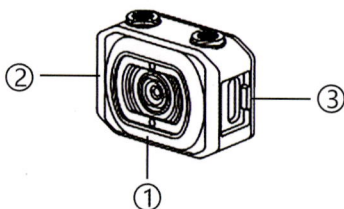

①相机镜头　②麦克风　③相机接口（用于连接相机与智能中控）

图 1-14　EP 相机

2. EP 红外深度传感器

红外深度传感器通过检测红外光在空气中的飞行时间，计算出目标物体的距离。红外深度传感器由发射模块、接收模块和处理模块组成。发射模块发出一束近红外光，遇目标物体后反射。接收模块接收反射光线，并且通过记录近红外光从发出到接收所用的时间计算出物体的距离。

红外深度传感器的视场角（FOV），也就是接收模块能够覆盖的范围为 20°，可测量视场中物体的距离。如果有多个物体，那么测出的数据将介于最远物体的距离和最近物体的距离之间。在后续的章节中有专门的传感器使用教程。

红外深度传感器可在 0.1 m~10 m 的测距范围内提供高精度的测量。编程平台提供了对应的可编程模块，用于获取测距信息。EP 红外深度传感器如图 1-15 所示。

①传感器接口（用于连接传感器到 EP 机器人上）　②传感器 UART 接口（用于连接传感器到第三方硬件平台上）

图 1-15　EP 红外深度传感器

3. EP 云台（步兵）

步兵机器人配备两轴机械云台，为发射器和相机提供稳定的支撑。步兵机器人在运动的状态下，云台保证其能够稳定地发射水晶弹或红外光束，以及提供流畅且稳定的图传画面。EP 云台（步兵）如图 1-16 所示，其组件功能如表 1-1 所示。

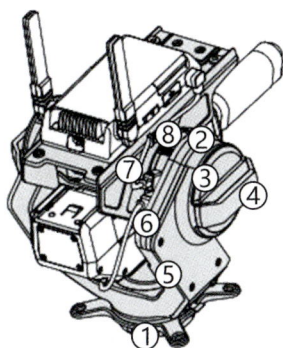

①航向控制电机　②俯仰控制电机　③云台装甲　④广角红外发射接收器　⑤云台轴臂
⑥CAN-BUS 接口　⑦CAN-BUS 接口　⑧CAN-BUS 扩展接口

图 1-16　EP 云台（步兵）

表 1-1　EP 云台（步兵）组件及其功能

组件	功能
航向控制电机	控制云台航向转动，与俯仰运动配合以帮助发射器瞄准目标并实现稳定击打
俯仰控制电机	控制云台俯仰运动，与航向转动配合以帮助发射器瞄准目标并实现稳定击打
云台装甲	内置云台装甲灯，灯光颜色可以自定义
广角红外发射接收器	不仅可以发射广角红外光束，还可以接收其他机器人发射的红外光束，表示被击中
云台轴臂	用于支撑其他模块
CAN-BUS 接口	用于连接到发射器
CAN-BUS 接口	用于连接到智能中控
CAN-BUS 扩展接口	用于连接到红外深度传感器

　　步兵机器人默认为底盘跟随云台模式。用户可以控制云台在俯仰轴和航向轴的角度。其中，俯仰轴可控范围为 $-20°\sim+35°$（如图 1-17 所示），航向轴可控范围为 $\pm250°$（如图 1-18 所示）。云台最大旋转速度可达到 $540°/s$。

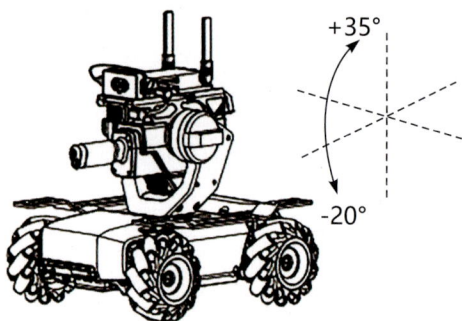

图 1-17　步兵机器人云台俯仰轴　　　　图 1-18　步兵机器人云台航向轴

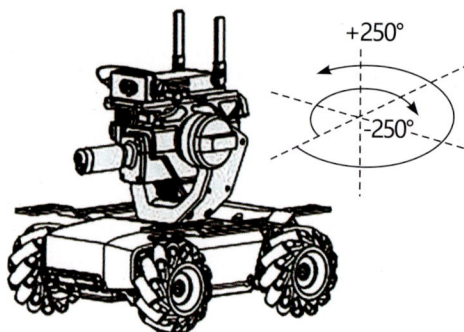

4. EP 发射器（步兵）

　　发射器有两种使用方式。第一种，配合装有水晶弹的弹仓使用，发射水晶弹，对敌方的机器人造成一定的伤害。水晶弹发射初速度约 26 m/s，可控发射频率为 1~8 发/s，最大发射频率可达 10 发/s。第二种，直接使用窄角红外发射器，在室内光照环境下，可发射红外光束，有效射程可达到 6 m。在有效射程内，有效射击宽度在 10°~40° 范围内变化。EP 发射器（步兵）的结构如图 1-19 所示。

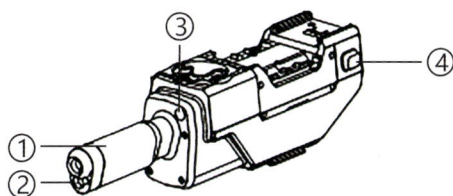

①弹道　②发射器弹道灯　③窄角红外发射器　④弹仓弹出按键

图 1-19　EP 发射器（步兵）

5. EP 机械臂/爪（工程）

机械臂支持第一人称视角精准遥控，机械爪配合机械臂使用，用户可在 RoboMaster App 中通过第一人称视角操控机械臂和机械爪完成任务。

当机械臂或机械爪处于工作状态时，请尽量避免对其施加外力。机械臂的水平移动范围为 0~0.22 m，垂直移动范围为 0~0.15 m；机械爪的开合距离约为 10 cm。EP 机械臂/爪（工程）如图 1-20 所示。

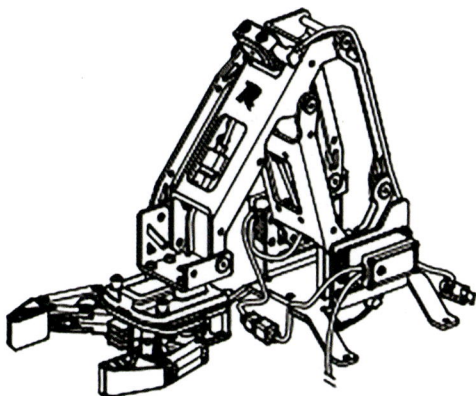

图 1-20　EP 机械臂/爪（工程）

1.2.3　运动控制

运动控制器是底盘运动的核心模块，提供了丰富的接口，用来连接云台、装甲、电池和电机，同时内部集成了一系列运动控制算法、电源管理系统、电机管理系统及底盘状态管理系统等智能程序，实现了敏捷的全向移动控制和复杂的数据交互。其接口位置如图 1-21 所示，接口功能见表 1-2：

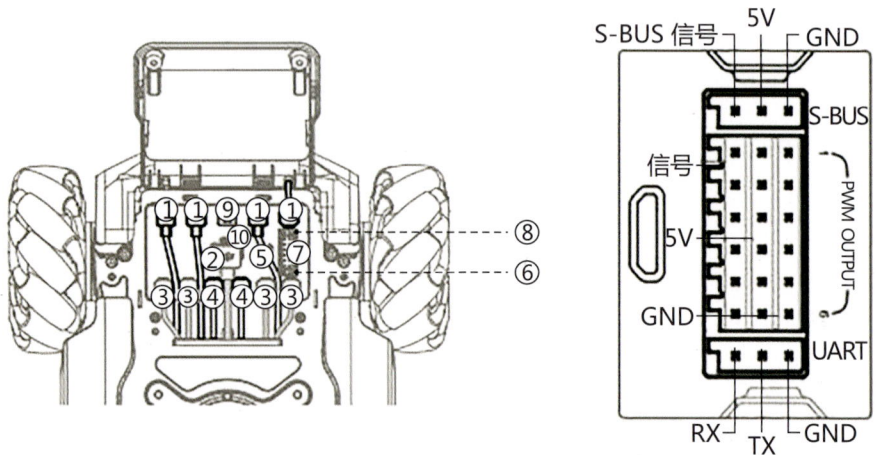

①CAN-BUS 接口　②POWER 接口　③M-BUS 接口　④CAN-BUS 接口　⑤Micro-USB 接口　⑥UART 接口　⑦PWM 接口　⑧S-BUS 接口　⑨M0 接口　⑩LED 指示灯

图 1-21　运动控制器主板和相应接口

表 1-2　运动控制器接口类型及作用

接口类型	作用
CAN-BUS 接口	装甲接口，用于连接装甲模块
POWER 接口	电源接口，用于连接电源。注意：该接口也连接电池通信，安装和连接后请尽量少拔插
M-BUS 接口	电机接口，用于连接电机
CAN-BUS 接口	云台接口，用于连接云台
Micro-USB 接口	用于与外部连接通信，支持 SDK、USB、RNDIS 方式
UART 接口	扩展接口，可在编程中使用，同时支持 SDK 连接
PWM 接口	连接后可通过 Scratch 或 Python 程序设定占空比
S-BUS 接口	控制信号接收，是用于连接支持 SBUS 协议的遥控器接收机
M0 接口	舵机、机械爪接口，用于连接舵机、机械爪
LED 指示灯	判断运动控制器状态（如表 1-3 所示）

表 1-3 LED 指示灯的作用

LED 指示灯		运动控制器状态
蓝灯慢闪	蓝……	正常工作状态
黄灯慢闪	黄……	当前正在运行自主程序
绿灯快闪	绿……	机器人校准时，底盘某一侧 IMU（惯性测量单元）校准成功
红灯快闪	红……	机器人校准时，底盘某一侧 IMU 校准失败
黄灯常亮	黄—	机器人校准时，底盘 IMU 正在校准
白灯常亮	白—	固件升级中
红、绿、蓝交替闪烁	红绿蓝……	运动控制器硬件错误，没有姿态信息输入
红灯慢闪	红……	停止模式，由以下一种或多种情况引起： a. 运动控制器与电机断开连接，或者运动控制器与电机无法通信 b. 电机硬件出现异常导致机器人无法运动 c. 运动控制器与云台无法通信 d. 运动控制器与智能中控无法通信 e. 运动控制器姿态异常，如机器人翻车、倒置，且恢复正常的时间小于 3 s f. 运动控制器与电池无法通信

🎯 任务探究

1. 工程机器人的智能中控，运动控制器，各个电机、舵机、装甲板是如何连接的？利用示意图或文字简单描述。

2. 如有条件，可以完成机器人拼装。

🔗 课后拓展

步兵机器人和工程机器人零部件的区别是什么，为什么更换了零部件仍然可以实现有效控制？

1.3 编程软件

学习目标

1. 掌握 RoboMaster App 编程方法。
2. 掌握大疆教育平台编程方法。

情景导入

EP 机器人不仅是一款高质量的玩具，还具有强大的可编程功能，这极大地丰富了 EP 机器人的可玩性。RoboMaster App 提供了非常便利的编程平台，我们需要学会 RoboMaster App 编程的基本方法，才能够进行更加深入的学习。

1.3.1 RoboMaster App 连接 EP 机器人的方法

控制机器人之前首先要让机器人和 RoboMaster App 进行连接。进入 App 连接界面可以看到有直连和路由器两种模式，接下来将一一介绍两种方式是如何连接的。

首先给 EP 机器人上电，打开底盘后装甲板，装入电池，长按电池上的按钮即可启动电源，此时 EP 机器人会通电并开始上电自检，一段时间后会发出提示音，进入等待连接状态。

1. 直连模式

切换智能中控上的模式开关到直连模式，如图 1-22 所示。

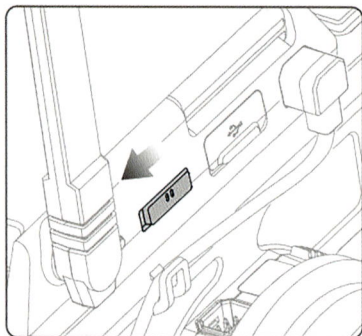

图 1-22　智能中控调整为直连模式

运行 RoboMaster App，根据提示进入移动设备系统网络设置中，选择智能中控贴纸上对应的 Wi-Fi 名称，输入 8 位数密码（注：设备需要开启定位服务，并且在连接到没有互联网访问权限的 Wi-Fi 网络时，设置为保持连接状态）。连接机器人的 Wi-Fi 流程如图 1-23 所示。

图 1-23　连接机器人的 Wi-Fi

等待机器人和 RoboMaster App 连接成功，完成机器人与 App 的连接。

2．路由器模式

切换智能中控上的模式开关到路由器模式，如图 1-24 所示。

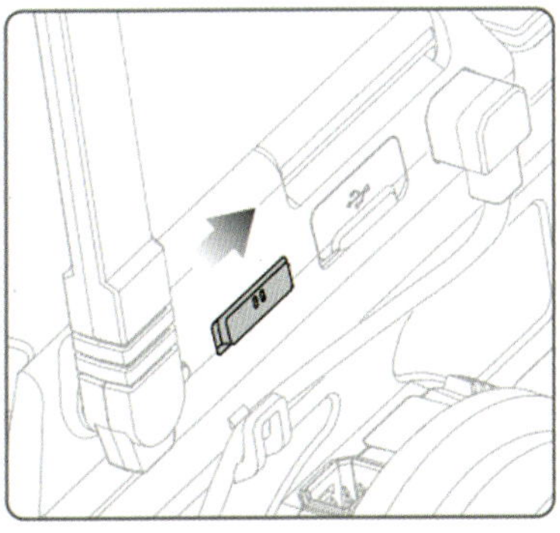

图 1-24　智能中控调整为路由器模式

运行 RoboMaster App，根据提示接入局域网，输入对应路由器的 Wi-Fi 密码后，可在 App 中生成二维码，如图 1-25 所示。

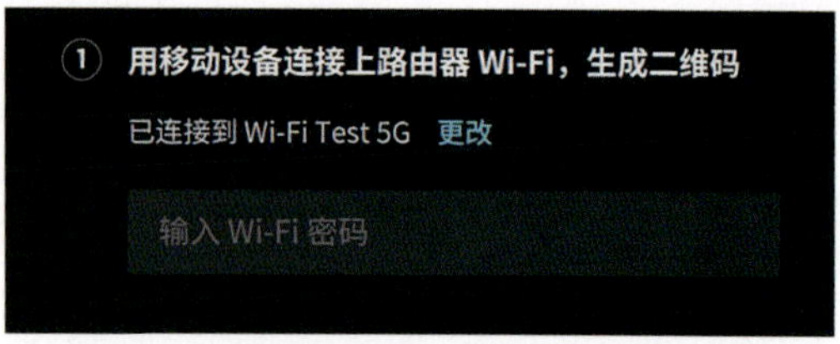

图 1-25　输入 Wi-Fi 密码生成二维码

点击智能中控上的连接按键（红色小圆点按钮）后，使用相机模块扫描二维码，等待连接，如图 1-26 所示。

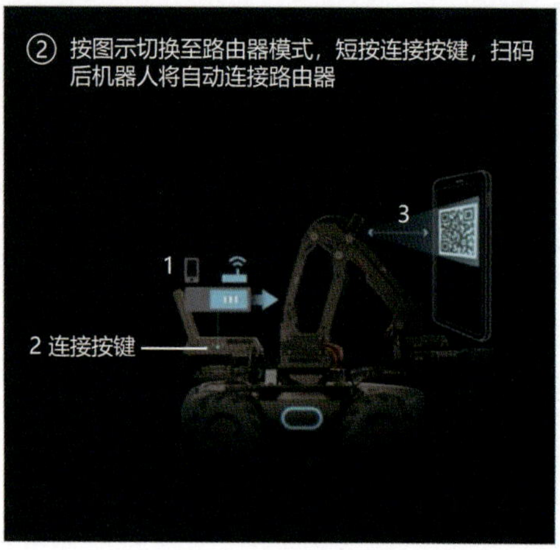

图 1-26　扫描二维码

等待机器人和 RoboMaster App 连接成功，完成机器人与 App 的连接。

1.3.2 RoboMaster App 编程方法

首先我们需要进入 RoboMaster App 中，如图 1-27 所示，并点击"实验室"。

图 1-27　RoboMaster App 主界面及实验室按钮

进入实验室界面后点击"我的程序"，如图 1-28 所示。

图 1-28　实验室界面

程序界面上方可以选择使用 Python 或者图形化界面创建程序，如图 1-29 所示。

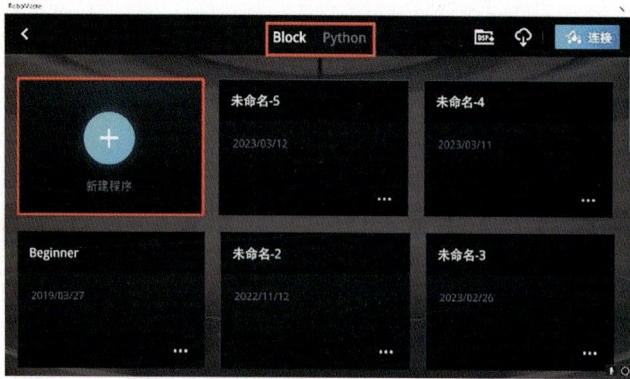

图 1-29　创建程序

如果我们希望能够导入自己的程序，则需要点击该界面右上方的按钮，具体按钮位置如图 1-30 所示，点击后选择需要导入的文件即可（注意：导入的文件格式后缀为".dsp"）。

图 1-30　导入程序

创建好第一个程序后便出现图 1-31 的界面。

图 1-31　编写程序界面

在图 1-31 的右上角可以看到四个按钮，从左到右依次是显示整机状态以及相机画面（见图 1-32）、将图形化界面（见图 1-33）转为 Python 代码（见图 1-34）、运行编写好的程序（只有连接上机器人后才可以运行程序）、连接机器人。

图 1-32　整机状态

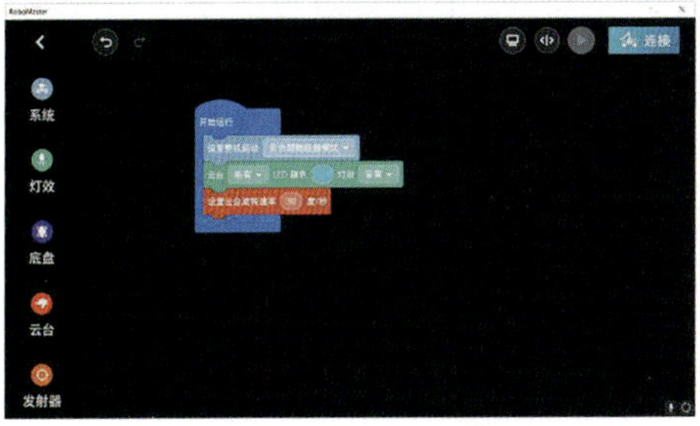

图 1-33　图形化界面

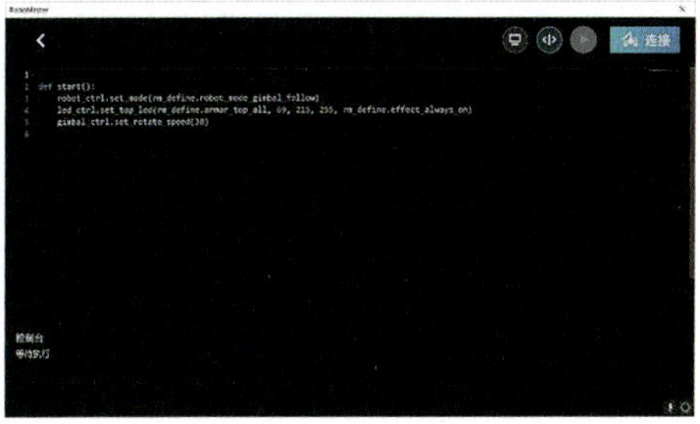

图 1-34　对应 Python 代码

界面左边是一系列图形化代码块（见图 1-35），点击对应模块即可使用。

图 1-35　图形化代码块

如果我们想要对程序进行重命名、存储或删除等操作，可以点击该程序右下方的三个点的按钮（见图 1-36）。通过这个按钮，我们可以对程序进行进一步修改和管理（如图 1-37 所示），包括保存到云端空间，使得程序能够永久保存并且在需要时随时调用。

图 1-36　程序管理按钮

图 1-37　程序管理界面

1.3.3　大疆教育平台连接 EP 机器人的方法

注意：大疆教育平台连接机器人之前必须关闭 RoboMaster App 程序。

点击大疆教育平台软件，登录后便会进入初始界面，点击创建程序（见图 1-38），选择种类和写入程序名称（见图 1-39）。

图 1-38　创建程序

图 1-39　选择种类和写入程序名称

创建程序后点击右边对应的按钮即可，如图 1-40 所示。

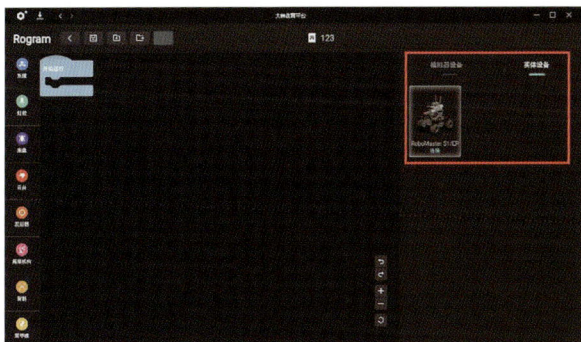

图 1-40　实体连接按钮

有两种连接方式，分别为直连模式和路由器模式，其连接步骤与 1.3.1 所述基本一致。

1.3.4　大疆教育平台的图形化编程方法

若要使用模拟器设备，我们需点击编程界面右端"模拟器设备"，选择模拟器场景，再选择机器人并启动模拟器即可连接，如图 1-41 至图 1-43 所示。

图 1-41　选择模拟器

图 1-42　选择模拟器场景

图 1-43　选择机器人

若要使用实机设备，我们则按照前面的方式连接即可。

编程界面左侧是图形化模块，图 1-44 中红框标注的图标分别为：返回、保存程序、导入程序、导出程序、运行程序。

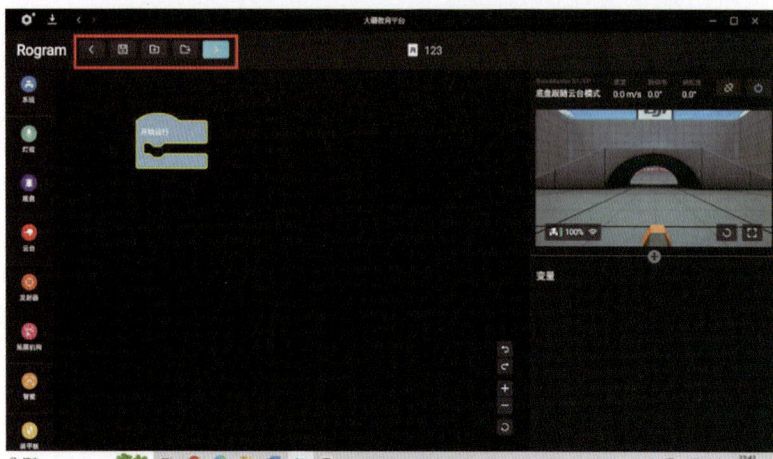

图 1-44　程序各组件

接下来让我们尝试使用模拟器和实机来进行编程吧！

◉ 任务探究

在 RoboMaster App 中将示例程序导入 EP 机器人并运行，将程序另存并导入大疆教育平台，再在大疆教育平台上将程序导入 EP 机器人并运行；修改某参数后将程序另存，然后在 RoboMaster App 中导入修改后的程序。

◁ 课后拓展

在大疆教育平台的模拟器上探索，说说模拟器环境与真实环境有什么不同。

第 2 章
云台和底盘

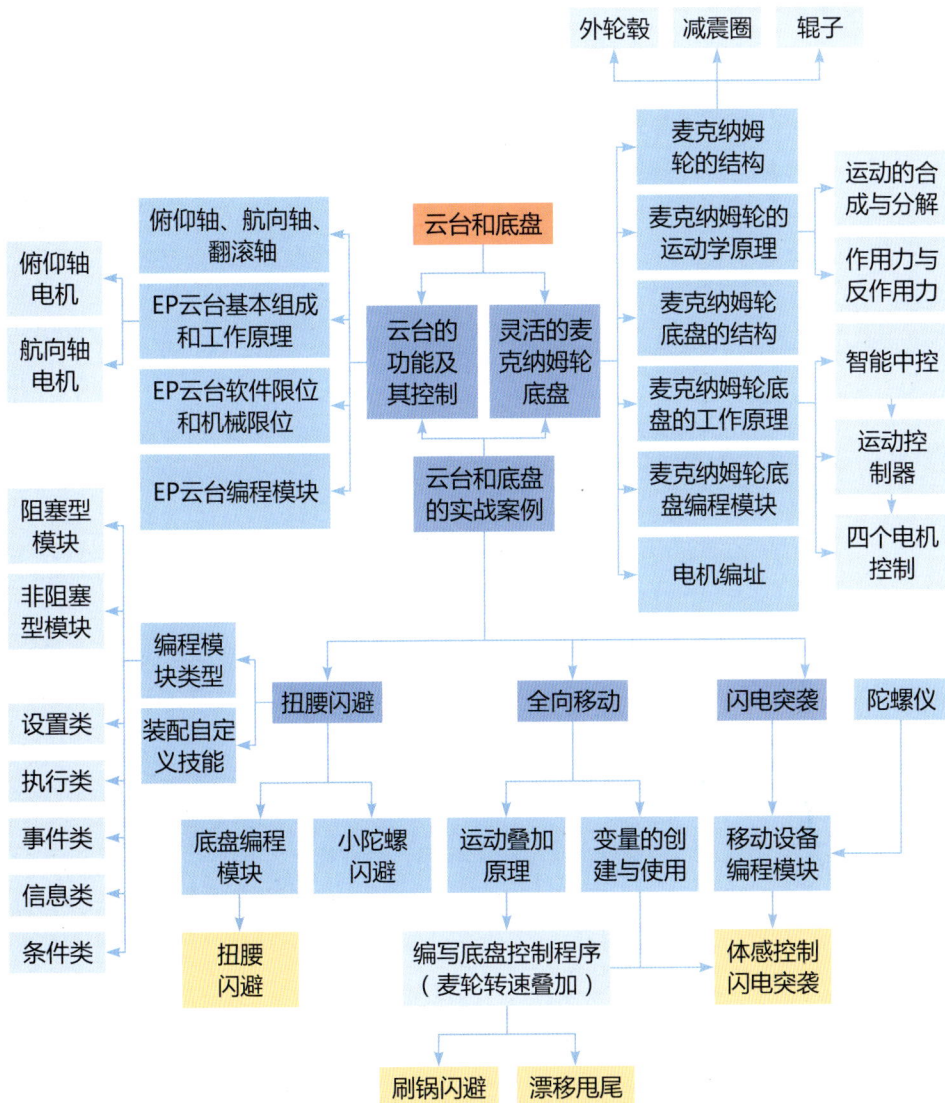

图 2-1　第 2 章知识树

外轮毂　减震圈　辊子

麦克纳姆轮的结构

运动的合成与分解

作用力与反作用力

麦克纳姆轮的运动学原理

云台和底盘

智能中控

运动控制器

四个电机控制

俯仰轴、航向轴、翻滚轴

俯仰轴电机

航向轴电机

EP云台基本组成和工作原理

EP云台软件限位和机械限位

EP云台编程模块

云台的功能及其控制

灵活的麦克纳姆轮底盘

麦克纳姆轮底盘的结构

麦克纳姆轮底盘的工作原理

麦克纳姆轮底盘编程模块

电机编址

云台和底盘的实战案例

阻塞型模块

非阻塞型模块

设置类

执行类

事件类

信息类

条件类

编程模块类型

装配自定义技能

扭腰闪避

全向移动

闪电突袭

陀螺仪

底盘编程模块

小陀螺闪避

运动叠加原理

变量的创建与使用

移动设备编程模块

扭腰闪避

编写底盘控制程序（麦轮转速叠加）

体感控制闪电突袭

刷锅闪避　漂移甩尾

2.1 云台的功能及其控制

学习目标

1. 了解一般云台的种类。
2. 掌握俯仰轴、航向轴、翻滚轴的概念。
3. 掌握 EP 云台基本组成和工作原理。
4. 掌握有关 EP 云台编程模块的使用方法。

情景导入

人类的脖子可以轻松实现点头、摇头的动作，而 EP 机器人有一个与人类脖子类似的结构——云台，EP 机器人的脖子比人类的灵活得多，可以实现更快速、更精准的运动。本小节我们将学习 EP 云台的工作原理以及控制云台的方法。

2.1.1 云台的概念与功能

在现实生活中，云台是一种机电一体化的设备，常用于摄影、监控等领域。它可以让相机或监控摄像头在水平和垂直方向上进行精准的旋转和调整，从而实现全方位的视角覆盖和拍摄。

随着影视拍摄中对图像稳定性的要求日益严苛，云台也在不断优化。目前，主要有固定云台、电动云台和增稳云台这三种云台。

固定云台一般用于拍摄静止物体。当我们将相机安装在固定云台上后，可以根据实际需求手动调节角度，实现固定位置的拍摄需求，所以相机的三脚架一般采用固定云台，如图 2-2 所示。

图2-2 相机三脚架

电动云台指的是在固定云台的基础上增加电机，用户可以通过控制电机旋转从而控制云台的角度，一般应用在监控摄像上。电动云台对环境要求较高，安装后一般不再移动。常见的电动云台如图2-3和图2-4所示。

图2-3 线控电动云台

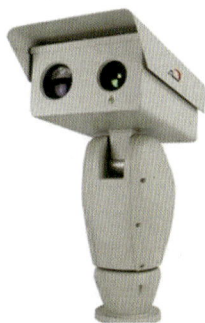

图2-4 监控摄像头

增稳云台属于电动云台的一种，它的特点是在固定云台的基础上增加了姿态控制，使得云台搭载上物体后还能保持相对稳定。在无人机上，我们将相机安装在无人机的增稳云台上，使无人机在乱流中飞行时，仍然可以保持相机视野中的画面稳定，使画面不受机身抖动的影响。常见的增稳云台如图2-5和图2-6所示。

图 2-5　头戴式摄像机

图 2-6　三轴增稳云台飞行器

介绍完云台的概念之后，让我们一起来了解一下云台的功能吧！

云台的主要功能包括：

（1）精准定位。云台可以精确控制相机或摄像头的旋转和调整，使其定位到所需的角度和方向。

（2）姿态控制。云台可以控制设备的姿态，如俯仰、航向和翻滚等。这可以让设备在不同的角度下进行观察和拍摄。

（3）稳定控制。云台可以实现设备的稳定控制，如减少机器人行驶时的颠簸等，保证设备的稳定性和安全性。

（4）跟踪控制。云台可以实现设备的跟踪控制，如跟踪目标物体或人员，使目标物体或人员始终保持在设备镜头的视野范围内。

最后，我们来介绍一下 EP 机器人的云台。EP 机器人的云台转动范围可达 540°×65°，配合 FPV 相机，具有广阔的视野；内置无刷直驱电机，配合 IMU（惯性测量单元）及出色的控制算法，抖动控制精度可达 ±0.02°，可以给我们带来流畅稳定的画面和更好的操控体验。步兵机器人云台如图 2-7 所示。

红外深度传感器，可测距离

智能中控，相当于人的大脑

摄像头

两轴云台

发射器，可发出水晶弹和红外光束

底盘，驱动机可以向任意方向移动

感应装甲板

转接模块，提供接口拓展功能

图 2-7　步兵机器人云台

2.1.2 俯仰轴、航向轴、翻滚轴

俯仰轴、航向轴和翻滚轴是三个空气动力学中的术语，通常在飞行器的控制和稳定方面使用。下面是对三种轴的详细介绍：

（1）俯仰轴（pitch axis）：这是飞行器沿其机身宽度方向的轴线，通常与地面平行。在飞机的俯仰运动中，俯仰轴决定了飞机的上升或下降，通过控制飞机水平尾翼来实现飞机抬头和低头。

（2）航向轴（yaw axis）：这是垂直于机身平面的轴线，通常与地面垂直。在飞行器的偏航运动中，航向轴影响飞机的横向移动，通过调整垂直尾翼来改变飞机的前进方向。

（3）翻滚轴（roll axis）：这是飞行器的翻滚轴线，沿着机身方向。翻滚轴决定了飞机的滚转运动，通过控制机翼的副翼来实现飞机的倾斜。

飞机的俯仰轴、航向轴和翻滚轴如图 2-8 所示。

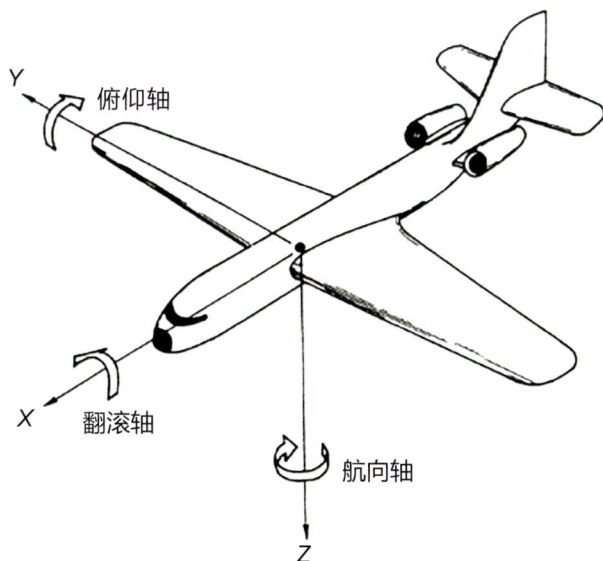

图 2-8 飞机的俯仰轴、航向轴和翻滚轴

这 3 个轴描述了飞行器的空中姿态，定义了这 3 个轴对应的角度，就确定了飞行器当前的姿态角。

EP 机器人的云台也具有俯仰轴和航向轴，但是缺少翻滚轴，云台的运动

控制都是围绕俯仰轴和航向轴讨论的。控制 EP 机器人的云台运动，本质上是控制云台俯仰轴的角度和航向轴的角度，也就是"点头"和"摇头"的角度。为了准确地定义这些角度，我们首先要选取一个坐标系作为参考，这个坐标系为机器人坐标系。对于 EP 机器人来说，这个坐标系是固定在底盘上的，它的 X 轴指向 EP 机器人的正前方，Y 轴指向右侧，Z 轴指向正上方，如图 2-9 所示。其次，我们要定义云台坐标系，这个坐标系是固定在发射器上的，其原点为云台两个电机轴线的交点，X 轴指向发射器轴线方向，Y 轴穿过俯仰轴电机指向右侧，Z 轴指向地面，如图 2-10 所示。

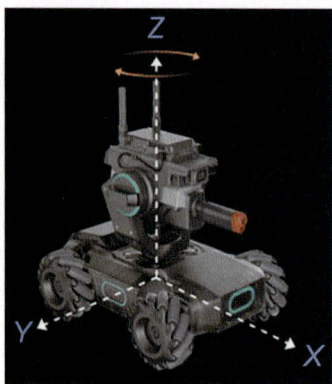

图 2-9　EP 机器人坐标系

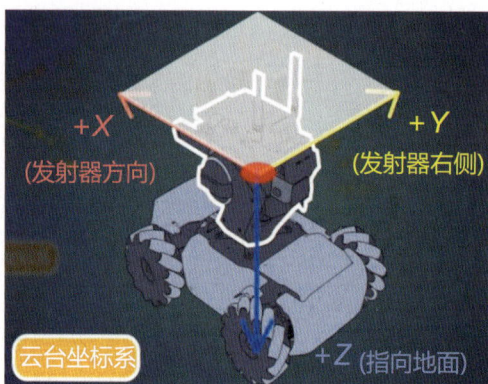

图 2-10　云台坐标系

有了这两个坐标系，我们就可以准确地定义航向角和俯仰角。

航向角是云台坐标系的 X 轴在机器人坐标系 XY 平面的投影和机器人坐标系的 X 轴之间的夹角，也称 yaw（见图 2-11）。

俯仰角是云台坐标系的 Z 轴和机器人坐标系的 Z 轴之间的夹角，也称 pitch（见图 2-12）。

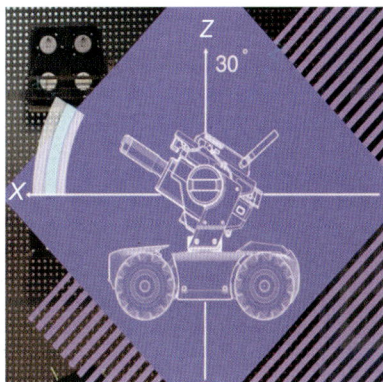

图 2-11　绕航向轴旋转　　　　图 2-12　绕俯仰轴旋转

2.1.3　EP 云台基本组成和工作原理

　　EP 机器人的云台是由俯仰轴电机、航向轴电机和一些其他硬件组成的。

　　EP 机器人发射器的旁侧和底部都安装了电机——俯仰轴电机和航向轴电机，使得 EP 机器人能够获取大范围的视野。位于发射器底部的电机是航向轴电机，它负责控制云台的航向轴角度；位于发射器旁侧的电机是俯仰轴电机，它负责控制云台的俯仰轴角度。俯仰轴电机和航向轴电机的位置如图 2-13 所示。

俯仰轴电机

航向轴电机

图 2-13　EP 机器人的俯仰轴电机和航向轴电机

2.1.4　EP 云台软件限位和机械限位

　　我们知道，机器人的云台有两个轴，分别为俯仰轴和航向轴。绕俯仰轴的运动类似于人类的点头运动，绕航向轴的运动类似于人类的摇头运动。当然，机器人的"脖子"和人的脖子都不能无限制地转动，而具有一定的运动范围。

EP 机器人航向轴的软件限位为 −250°~250°，俯仰轴的软件限位为 −20°~35°。也就是说，用软件控制 EP 云台运动的角度范围只有这么多，如图 2−14 和图 2−15 所示。

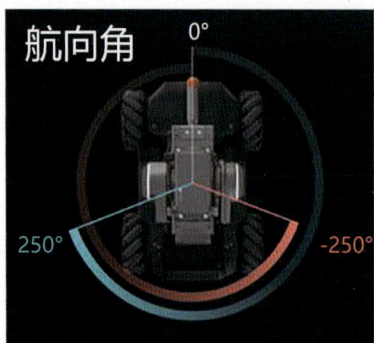

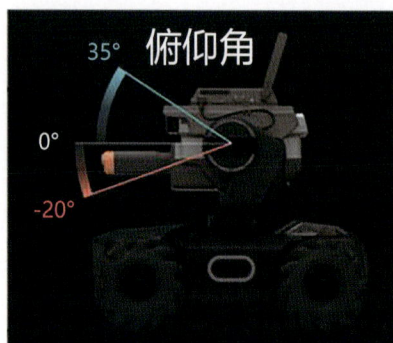

图 2−14　EP 机器人的航向轴软件限位　　图 2−15　EP 机器人的俯仰轴软件限位

EP 机器人还有机械限位。机械限位比软件限位的范围稍大，这是因为在实际控制中，不可避免会出现超调、抖动，所以给零件留有一部分余量来缓冲，防止剧烈冲击损坏云台。EP 机器人航向轴的机械限位为−270°~270°，俯仰轴的机械限位为−25°~40°。

2.1.5　EP 云台编程模块

在大疆教育平台编程区域中点击云台模块，可以看到许多与云台控制有关的子模块，各模块功能如表 2−1 所示：

表 2−1　EP 云台编程模块功能

模块	类型	功能说明
开启 ▼ 云台速度杆量叠加	设置类	开启或关闭云台速度杆量叠加
设置云台以 0 度跟随底盘	设置类	在"云台跟随底盘模式"下，当底盘左右旋转时，云台始终与底盘保持指定夹角
设置云台旋转速率 30 度/秒	设置类	设置云台旋转速率，默认速率是 30 度/秒。数值越大，旋转越快

（续上表）

模块	类型	功能说明
控制云台 回中▼	执行类	控制云台动作： ●回中：云台回到航向轴和俯仰轴的初始位置 ●停止运动：云台停止运动，但仍处于受控状态 ●休眠：云台断电 ●唤醒：云台重新通电
控制云台 向上▼ 旋转	执行类	控制云台向指定方向旋转
控制云台 向上▼ 旋转 0 度	执行类	控制云台向指定方向旋转指定角度
控制云台绕航向轴旋转到 0 度	执行类	控制云台绕航向轴旋转指定角度
控制云台绕俯仰轴旋转到 0 度	执行类	控制云台绕俯仰轴旋转指定角度
控制云台旋转到航向轴 0 度俯仰轴 0 度	执行类	控制云台同时绕航向轴和俯仰轴旋转指定角度
控制云台以 30 度/秒绕航向轴旋转 30 度/秒绕俯仰轴旋转	执行类	控制云台以指定旋转速度同时绕航向轴、俯仰轴旋转
云台 航向轴▼ 姿态角	信息类	获取云台当前在航向轴或俯仰轴上的姿态角值

为了更好地理解云台模块，我们针对一些常用的云台模块给出相应的使用方法，如图2-16所示。

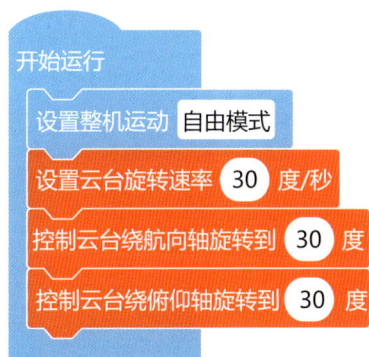

图2-16 常用的云台模块使用方法

图 2-16 中的程序使用了设置云台旋转速率模块、控制云台绕航向轴旋转模块和控制云台绕俯仰轴旋转模块来操控 EP 机器人云台绕航向轴和俯仰轴旋转。

📍 任务探究

用尽可能多的方法实现云台的点头和摇头功能。

✂ 课后拓展

为什么要对云台进行限位，如果不限位会发生什么？

2.2 灵活的麦克纳姆轮底盘

👆 学习目标

1. 了解麦克纳姆轮的结构。
2. 掌握麦克纳姆轮的运动学原理。
3. 掌握麦克纳姆轮底盘的结构和工作原理。
4. 了解麦克纳姆轮底盘编程模块。
5. 了解电机编址。

📚 情景导入

常见的车辆有四个轮子，只能前后运动，靠前轮的偏转实现转向。EP 机器人的底盘也有四个轮子，却能前后、左右任意运动，EP 机器人的轮子有什么特殊之处？在这一小节中我们将学习麦克纳姆轮。

2.2.1 麦克纳姆轮的结构

麦克纳姆轮简称麦轮，是一种具有全向运动特性的轮子。它是瑞典工程师本特·艾隆（Bengt Erland Ilon）于 20 世纪 70 年代在瑞典麦克纳姆公司发明的。麦轮的出现改变了机器人的运动方式。现如今，麦克纳姆轮已广泛运用于残障人士出行、物流仓储和机器人竞技比赛等领域。EP 机器人就采用了麦克纳姆轮，因此可以灵活地移动，具有很高的机动性。

麦轮主要由外轮毂、辊子和减震圈构成。轮毂是整个轮子的主体支架，辊子则是安装在轮毂上的鼓状物（小轮），二者结合减震圈，组成了一个完整的麦轮，如图 2-17 所示。

图 2-17　麦克纳姆轮的结构图

麦轮的轮毂为主动轮（由电机驱动），辊子为从动轮（受外力的作用而产生转动）。辊子轴与外轮毂轴线会有一个夹角，理论上该夹角可为任意值，但市面上的主流为 45°。为满足该几何关系，轮毂在制造时便设计了辊子轴的安装孔。需要注意的是，装配麦轮的时候，往往需要用到麦轮装配盒。

EP 机器人麦轮的具体安装步骤可参考网站：https://www.dji.com/cn/robomaster-ep/video。

2.2.2　麦克纳姆轮的运动学原理

由于麦轮的辊子轴与外轮毂轴线呈 45° 的夹角，我们不难想到，麦克纳姆轮可以分为互为镜像关系的 A 轮（也称为左旋轮）和 B 轮（也称为右旋轮）两种方向轮（如图 2-18 和图 2-19 所示）。A 轮正转时轮子受力方向为左前方，反转时轮子受力方向为右后方；B 轮正转时轮子受力方向为右前方，反转时轮子受力方向为左后方。

图 2-18　A 轮　　　　　　　　图 2-19　B 轮

同学们可以用手拿 A 轮或者 B 轮在纸张上转动一下，观察纸张的运动方向。我们以 B 轮正转为例（如图 2-20 所示），B 轮正转时纸张往左后方移动。由牛顿第三定律可知：两物体之间的作用力同时存在，并且大小相等，方向相反，因此麦轮受力方向为右前方。接下来，我们进行受力分析：

如图 2-21 所示，红色箭头表示你对麦轮施加的旋转合力。这个旋转合力分解为两个力，一个为向左下的绿色箭头所示的力，另一个为向右下的蓝色箭头所示的分力。而这个向右下的分力被辊子自转所消耗，最终只剩下向左下的分力。这个向左下的分力即麦轮给纸张的力，这个力让纸张往左下运动。

图 2-20　B 轮正转时纸张
往左后方移动

图 2-21　对麦轮施加旋转
合力的受力分析

麦克纳姆轮用于四轮平台移动时的组合方式可以为：AAAA、BBBB、ABAB、BABA、ABAA、BABB、ABBB、BAAA 等。但并非所有的组合都可以同时实现前进、后退、旋转、左移、右移等功能，只有特定组合才可以同时实现。

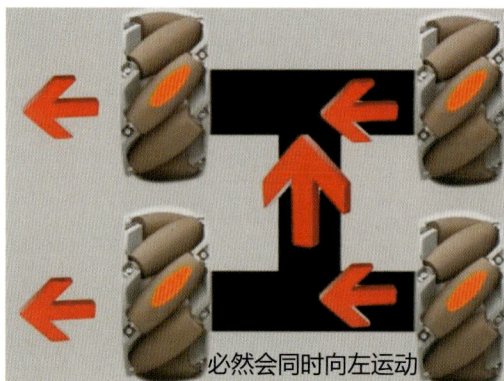

图 2-22　AAAA 组合四轮正转时的受力情况

如图 2-22 所示，在这种情况下，当 EP 机器人的四个轮子正转的时候，EP 机器人具有向前和向左的分速度，即 EP 机器人具有向左上 45° 的速度。也就是说，当 EP 机器人的四个轮子正转的时候，EP 机器人不会朝着正前方行驶。

作为对比，我们再简单地对正确安装麦轮的 EP 机器人前进行驶时的受力进行分析。当 EP 机器人的底盘麦轮按照 X 形安装后（如图 2-23 所示），我们让 EP 机器人四个轮子同时正转。这时，我们不难得出，EP 机器人的左前轮有向前和向右的分力，右前轮有向前和向左的分力，于是左前轮和右前轮的向右和向左的分力抵消了；EP 机器人的左后轮有向前和向左的分力，右后轮有向前和向右的分力，于是左后轮和右后轮的向左和向右的分力也抵消了。最后，EP 机器人的四个轮子都只剩下了四个向前的分力，于是，EP 机器人就能向前移动了（如图 2-24 所示）。

图 2-23　ABAB（X 形—仰视）
正确的安装方式

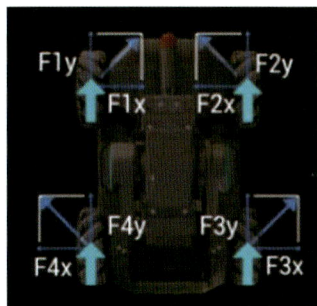

图 2-24　机器人前进时的受力分析

课后，同学们可以尝试开动小脑筋，自行分析后退、旋转、左移、右移时机器人麦轮的旋转方向和其受力情况。此外还可以探究不同的麦轮组合方式的受力情况，如 BABA（X 形—仰视）。

2.2.3　麦克纳姆轮底盘的结构

麦轮的底盘主要由 10 个部分组成：底盘上盖、底盘中框、固线器、前桥上盖、前桥臂后、X 形轴盖、运动控制器、击打检测模块、电机、电源（如图 2-25 至图 2-32 所示）。下面将分别展示这些部件。

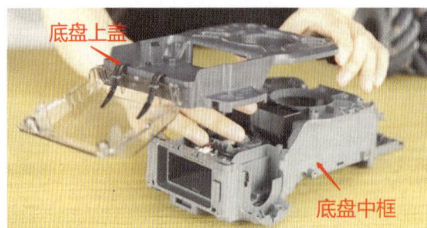

图 2-25　底盘上盖和底盘中框

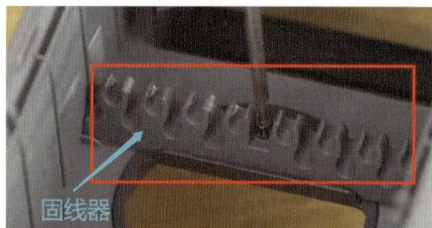

图 2-26　固线器

图 2-27　前桥上盖和前桥臂后

图 2-28　X 形轴盖

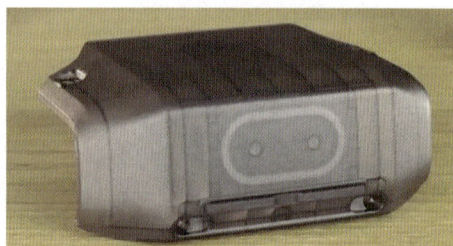

图 2-29　运动控制器

图 2-30　击打检测模块

图 2-31　电机

图 2-32　电源

2.2.4　麦克纳姆轮底盘的工作原理

当理解了麦轮底盘的结构之后，我们研究其工作原理就会更加清晰和简单。当遥控设备连接到 EP 机器人时，各个部件是如何协调工作来控制麦轮底盘运动的呢？首先，遥控设备将信息发送到 EP 机器人的智能中控。智能中控相当于人类的大脑，会处理这些信息并发送给运动控制器。运动控制器相当于人类的小脑，会向四个电机发出对应的运动指令，以控制麦轮底盘的运动（如图 2-33 所示）。

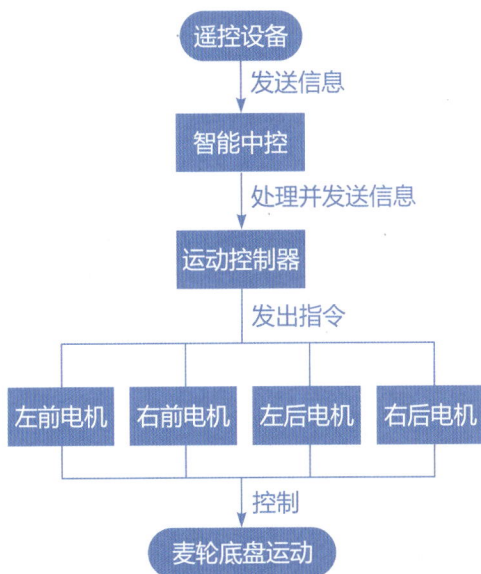

图 2-33　麦轮底盘工作原理流程图

2.2.5　麦克纳姆轮底盘编程模块

我们可以通过控制四个轮的转向和转速让机器人实现前进、后退、平移、旋转等运动。接下来，我们将学习如何通过底盘模块控制麦轮底盘的运动。EP 机器人的底盘模块主要分为设置类和执行类，各模块功能如表 2-2 所示。

表 2-2　麦轮底盘编程模块功能

模块	类型	功能说明
开启▼ 底盘速度杆量叠加	设置类	开启或关闭底盘速度杆量叠加
设置底盘以 0 度跟随云台	设置类	在底盘跟随云台模式下，当云台左右旋转时，底盘始终与云台保持指定夹角

（续上表）

模块	类型	功能说明
设置底盘平移速率 (0.5) 米/秒	设置类	设置底盘平移速率，默认平移速率是 0.5 米/秒。数值越大，移动越快
设置底盘旋转速率 (30) 度/秒	设置类	设置底盘旋转速率，默认旋转速率是 30 度/秒。数值越大，旋转越快
控制底盘向 (0) 度平移	执行类	控制底盘向指定方向平移
控制底盘向 (0) 度平移 (1) 秒	执行类	控制底盘向指定方向平移指定时长
控制底盘向 (0) 度平移 (1) 米	执行类	控制底盘向指定方向平移指定距离
控制底盘以 (0.5) 米/秒向 (0) 度平移	执行类	控制底盘以指定的平移速率向指定方向平移
控制底盘 向右▼ 旋转	执行类	控制底盘向指定方向旋转
控制底盘 向右▼ 旋转 (1) 秒	执行类	控制底盘向指定方向旋转指定时长
控制麦轮以转速 左前轮(100)右前轮(100)左后轮(100)右后轮(100)转/分转动	执行类	独立控制四个麦轮的转速，只有符合麦轮转动方向和速度的有效组合才会生效
控制底盘 向右▼ 旋转 (0) 度	执行类	控制底盘向指定方向旋转指定角度
控制机器人向底盘前方 (0) 度平移且 向右▼ 旋转	执行类	控制底盘向指定方向平移的同时做旋转运动
控制底盘以 (0.5) 米/秒沿 X 轴平移 (0.5) 米/秒沿Y轴平移 (30) 度/秒绕 Z 轴旋转	执行类	控制底盘以指定速度在指定方向运动
控制底盘停止运动	执行类	停止底盘的所有运动

（续上表）

模块	类型	功能说明
底盘 航向轴▼ 姿态角	信息类	以上电时底盘位置为基准，获取底盘当前在航向轴、俯仰轴上的姿态角值
底盘当前位置 X坐标▼	信息类	获取底盘当前位置的坐标和朝向数据
当底盘撞击到障碍物	事件类	在行驶过程中，当底盘撞击到人、桌腿等障碍物时，运行本模块的程序
底盘撞击到障碍物	信息类	在行驶过程中，检测到底盘撞击到人、桌腿等障碍物时会返回"真"，否则返回"假"

更详细的模块介绍可以参考网站：https://www.dji.com/cn/robomaster-s1/programming-guide。

为了更好地理解底盘模块，我们针对一些常用的底盘模块给出相应的使用方法，如图 2-34 所示。

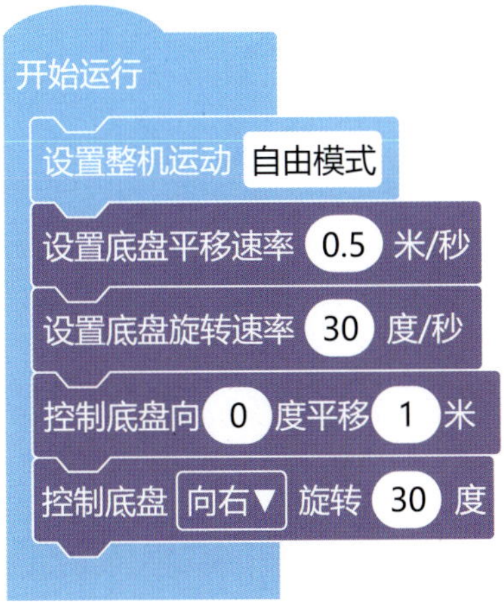

图 2-34　常用的底盘模块使用方法

图 2-34 中的程序使用了设置底盘平移和旋转速率模块和控制底盘平移和旋转模块来操控 EP 机器人底盘运动。

2.2.6　电机编址

为了确保能够准确地发送命令给对应的电机，我们需要对电机进行编址。这项任务通常在安装新机或更换中控和电机时完成。下面是具体操作步骤：首先，打开 RoboMaster App，在"设置—系统"中找到"电机编址"（见图 2-35）。其次，按照指示转动麦轮两圈，以使中控识别电机的位置（见图 2-36）。操作完成后，我们需要进行二次验证，以检查电机的编址是否正确（见图 2-37）。

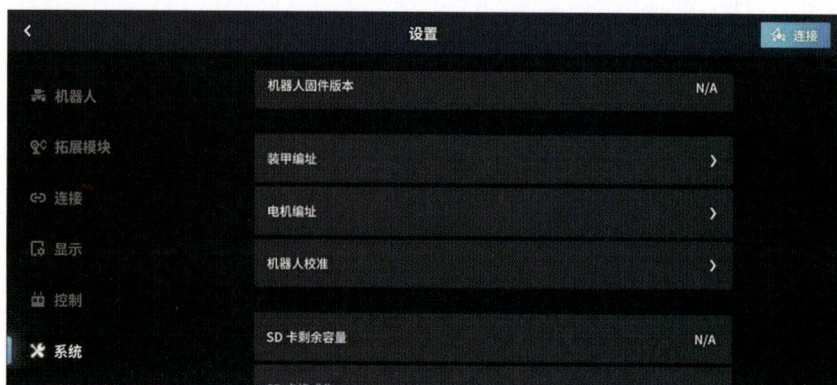

图 2-35　RoboMaster App 的设置—系统操作界面

图 2-36　按照指令转动麦轮

图 2-37　二次验证电机编址

任务探究

控制 EP 机器人沿正方形运动。观察记录底盘在正方形的不同边上运动时，四个轮子的转动方向。

课后拓展

如果在装配的时候不慎将底盘的四个麦克纳姆轮全部装反，在这种情况下，希望底盘向右平移，四个轮子应如何转动？

2.3　扭腰闪避

学习目标

1. 掌握阻塞型模块与非阻塞型模块的区别。
2. 掌握用底盘和云台编程模块实现扭腰闪避的两种方法。

情景导入

特殊的底盘让 EP 机器人运动非常灵活，可以实现非常规的运动姿态。在使用 EP 机器人对抗的时候，我们可以利用灵活的底盘轻松闪避对方机器人的射击。本小节我们将学习 EP 机器人常用的闪避方法——扭腰闪避。

2.3.1　扭腰闪避的运动姿态与闪避原理

EP 机器人在扭腰闪避时，它的云台和底盘需要同时反向运动，也就是云台向右旋转的同时底盘向左旋转，一段时间后再反过来。这样的姿态近似于人类扭腰的模样，故被称为"扭腰闪避"。

在对战模式中 EP 机器人的云台和底盘的持续运动可以降低检测击打模块被敌方水弹击中的概率，并有机会在向对方发起反击时获得优势。

2.3.2 编程模块类型

在大疆教育平台的编程界面，我们可以看到模块区内有系统、灯效、底盘、云台、发射器、拓展机构、智能、装甲板、传感器、转接、多媒体、语音识别、控制语句、运算符、数据对象、函数、AI 共十七类模块。这是按照控制对象进行分类的，EP 机器人编程模块还可以按照类型分类，主要分为设置类、执行类、事件类、信息类和条件类等，如表 2-3 所示。

表 2-3　编程模块类型介绍

类型	功能说明	示例
设置类	设置参数，如速率、频率、数量等	设置 所有▼ LED闪烁 2 Hz
执行类	控制 EP 机器人执行相应指令	控制底盘向 0 度平移 1 秒
事件类	事件触发模块，当满足触发条件时，会立刻跳出主线程，开始运行事件类模块的程序	当 任一▼ 装甲板受到攻击
信息类	信息获取模块，返回获取到的变量、列表等不同类型的数据	识别到的视觉标签信息
条件类	条件判断模块，根据是否满足条件执行相应的指令	如果 然后

在执行类模块中又细分为阻塞型模块和非阻塞型模块。下面，我们一起来看看阻塞型模块和非阻塞型模块的详细介绍（如表 2-4 所示）。

表 2-4　阻塞型模块和非阻塞型模块介绍

类型	功能说明	示例
阻塞型	在阻塞型模块运行完之前，后续指令不得运行。等待××模块是典型的阻塞型模块	等待 任一▼ 装甲板受到攻击 播放音符 被击中▼ 直到结束
非阻塞型	非阻塞型模块运行时，不阻碍后续指令的运行	播放音效 被击中▼

在 EP 机器人的编程实践中，掌握阻塞型模块与非阻塞型模块的运用方法是非常重要的，不仅本小节要介绍的扭腰闪避中要用到阻塞型模块与非阻塞型模块，后续的视觉识别、速度控制都需要用到这两种模块。

2.3.3　编程实现扭腰闪避

我们知道，扭腰闪避需要 EP 机器人的云台和底盘持续反向运动。为了简化复杂的扭腰闪避程序，我们将其分解为两个步骤：仅扭动底盘和同时扭动底盘和云台。如果仅扭动底盘，首先，我们需要将机器人模式设置为"自由模式"；其次，需要设定底盘旋转速率；最后，需要编写程序使 EP 机器人底盘能够循环左右扭动。参考程序如图 2-38 所示。

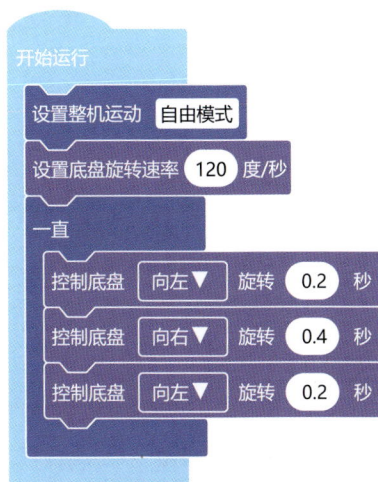

图 2-38　EP 机器人底盘左右循环扭动程序

需要注意的是，我们会发现图 2-38 中的程序运行时，底盘向左和向右移动的动作是依次进行的，其实，我们这里就用到了阻塞型模块。当阻塞型模块运行时，位于阻塞型模块下方的模块不能运行，直到阻塞型模块运行完成，位于阻塞型模块下方的模块才能继续运行。阻塞型模块的标志就是控制某对象运动，直到某停止条件。比如图 2-38 中，控制底盘向右运动，直到时间达到 0.4 秒。这个停止条件还可以是直到转动多少度等。而非阻塞型模块仅仅是控制某对象运动，而没有停止条件，这样的运动会持续到下一个该对象的控制模块运行为止。

学会如何单独让底盘运动之后，就可以尝试让底盘和云台同时运动了。关键问题在于，如何让云台的运动加入刚才的底盘运动程序中，实现底盘和云台的同时反向运动。

在图 2-38 的程序中，底盘首先向左旋转，其次向右旋转，最后向左旋转，因此云台应该首先向右旋转，其次向左旋转，最后向右旋转，不断循环下去。这要用到云台向左或向右旋转的模块（如图 2-39 所示）。

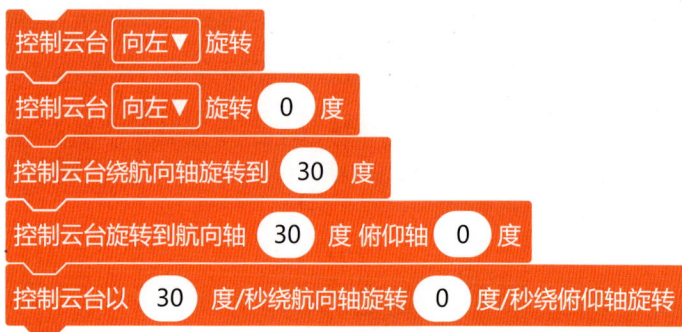

图 2-39　云台控制模块

这些模块都能令云台向左或向右运动，但各有区别。其中一个区别就是：控制云台向左旋转和控制云台以某速度绕航向轴旋转、以某速度绕俯仰轴旋转皆为非阻塞型模块，另外 3 个为阻塞型模块。在扭腰闪避程序中，要求云台运动的同时底盘也要运动，也就是云台运动还未结束，底盘就已经开始运动了，这种运动逻辑只有非阻塞型模块才能实现，因此扭腰闪避运动是结合了阻塞型模块和非阻塞型模块的运动。

扭腰闪避程序如图 2-40 所示：

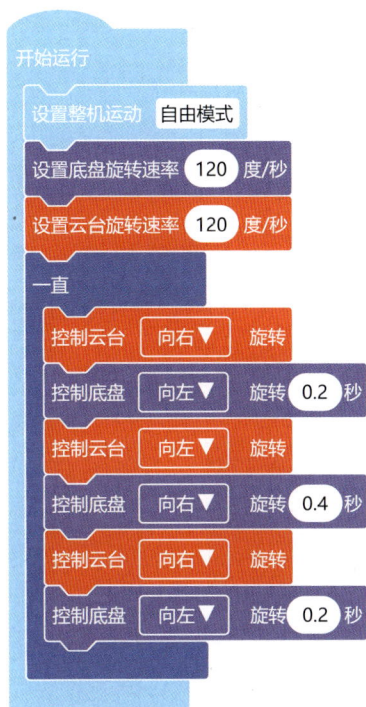

图 2-40　扭腰闪避程序

　　需要注意的是，我们发现当图 2-40 中的程序运行时，尽管底盘和云台是同时运动的，但是底盘向左和向右运动的动作仍然是依次进行的。其实，我们在这里就灵活地运用了阻塞型模块和非阻塞型模块。当非阻塞型模块"控制云台向×旋转"运行时，位于它下方的阻塞型模块"控制底盘向×旋转×秒"仍然可以运行。不过，由于"控制底盘向×旋转×秒"是阻塞型模块，所以在该模块运行完成之前，位于该模块下方的模块不能运行。就是通过这种将阻塞型模块和非阻塞型模块结合的方法，我们才能让 EP 机器人实现云台和底盘同时运动。

2.3.4　小陀螺闪避

　　小陀螺闪避，顾名思义，就是让 EP 机器人像小陀螺一样转起来。

　　小陀螺闪避战术往往用于 RoboMaster 全国大学生机器人比赛中，许多队伍采用小陀螺闪避躲避对方的弹丸攻击，小陀螺闪避能够在云台保持不动的情况下控制底盘以非常高的速度无限制地旋转。我们刚才讲到的扭腰闪避，是一种简化版的小陀螺闪避，因为云台有转动范围的限制，所以无法做到小陀螺闪避。用小陀螺闪避来躲避敌人攻击的原理和扭腰闪避一样，都是凭借自身的持续转动来降低 EP 机器人的检测击打模块被敌方子弹击中的概率，并有机会在向对方发起反击的时候获得优势。

2.3.5　装配自定义技能

编写了扭腰闪避程序，如何才能把它用在实战中呢？

首先，需要在"我的程序"中装配"自定义技能"，如图 2-41、图 2-42 所示。

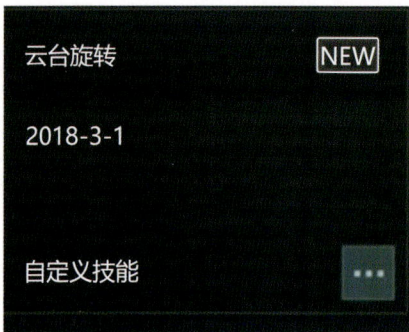

图 2-41　"我的程序"界面

图 2-42　装配"自定义技能"界面

其次，进入单机驾驶模式，点击蓝色的按钮即可释放技能，如图 2-43 所示。

图 2-43　释放技能

📍 任务探究

1. 使用 EP 机器人的编程模块编写实现扭腰闪避的程序。

2. 在实战中利用"自定义技能"闪避对方的射击。

⚡ 课后拓展

结合杆量叠加模块，让底盘的运动轨迹更加难以捉摸。

2.4 全向移动

👆 学习目标

1. 了解什么是全向移动。
2. 掌握运动叠加原理。
3. 掌握使用变量编程的方法。
4. 掌握使用底盘编程模块实现全向移动的方法。
5. 掌握全向移动的两个应用：刷锅闪避和漂移甩尾。

📚 情景导入

当我们看到 RoboMaster 机甲大师比赛中机器人灵动的走位以及飘逸的身影时，我们不禁感叹机器人的灵活。那么，机器人根据操作者的意愿朝各个方向运动是靠什么完成的呢？本小节我们将学习底盘的全向移动，满足我们对底盘灵活运动的需求。

2.4.1 什么是全向移动

全向移动意味着可以在平面内做出在向任意方向平移的同时自转的动作。为了实现全向移动，一般机器人会使用全向轮或者麦克纳姆轮这两种特殊的轮子。EP 机器人就是使用麦克纳姆轮来实现全向移动的。麦克纳姆轮能让 EP 机器人移动得更加灵活，自如地在多弯道等道路情况复杂的路段移动，还可以走出令人出乎意料的移动轨迹。

2.4.2 运动叠加原理

在平面内运动的物体，实质上可以有三种运动方式：向前运动、向右运动和自转。这三种运动被称为基本运动。对于麦克纳姆轮底盘来说，每个麦轮都有特定的转速组合来实现这三种基本运动。

如果我们想让底盘做出某种平面运动，我们首先要把这种运动分解成向前运动分量、向右运动分量和自转分量，其次把这些运动转化为各个麦轮的转速，最后将它们相加，便可完成所期望的平面运动。

举例来说，若期望 EP 机器人底盘向右前方 45°平移，那么首先将这种运动分解成向前运动分量、向右运动分量、自转分量。显然向前的速度与向右的速度大小相等，无自转速度，如图 2-44 所示。

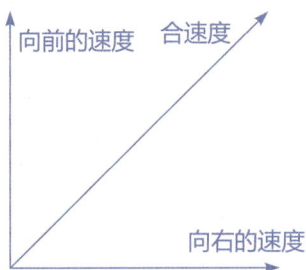

图 2-44　速度合成

其次把这些基本运动转化为各个麦轮的转速。转速负号（−）指与向前运动时该轮的旋转方向相反，在转速组合中表达的是实现基本运动的固有旋转方向。转速的单位是"转/分"。

向前运动的转速组合为"（左前轮，右前轮，左后轮，右后轮）＝（100，100，100，100）"。

向右运动的转速组合为"（左前轮，右前轮，左后轮，右后轮）＝（100，−100，−100，100）"。

自转运动的转速组合为"（左前轮，右前轮，左后轮，右后轮）＝（0，−0，0，−0）"。

最后将它们叠加得到"（左前轮，右前轮，左后轮，右后轮）＝（200，0，0，200）"。

最后将这样的转速组合输入 EP 机器人底盘程序，EP 机器人即可向右前方 45°平移，完成所期望的平面运动。

也可以从另一思路入手，考虑将几种基本运动叠加，探究底盘会如何运动。例如：

（1）将底盘向前的运动和向右的运动叠加，最后底盘会向右前方运动。

（2）将底盘向后的运动和向左的运动叠加，最后底盘会向左后方运动。

（3）将底盘顺时针自转的运动和向左的运动叠加，最后底盘会进行刷锅运动。

需要强调的是，本小节介绍的运动叠加原理包括平面运动的叠加以及麦轮转速的叠加。平面运动可以分解为三种基本运动的叠加，这三种基本运动的叠加体现到麦轮上就是麦轮转速的叠加。

2.4.3 基于运动叠加原理编写底盘控制程序

平面运动可以看成是三种基本运动的叠加，因此需要先了解三种运动分量的大小，如向前的速度为 100 转/分，向右的速度为 50 转/分，自转的速度为 20 转/分，将速度映射到麦轮上再做运动叠加即可得到叠加后麦轮的转速组合，如表 2-5 所示。

表 2-5 麦轮转速叠加表

运动类型	左前轮/（转/分）	右前轮/（转/分）	左后轮/（转/分）	右后轮/（转/分）
向前	100	100	100	100
向右	50	−50	−50	50
自转	20	−20	20	−20
叠加	170	30	70	130

转化成图形化代码如图 2-45 所示，注意模块为非阻塞型模块，因此需要添加等待时间。

图 2-45 底盘运动叠加图形化代码

在实践中，往往需要反复调试 3 种运动分量的大小，因此需要反复计算叠加后的速度，这时用人工计算就显得烦琐，我们将这个计算任务交给 EP 机器人完成。因此需要引入变量的概念。

可以将变量想象为存储信息的容器。这些容器包含程序中使用的值或数据，并且可以根据需要进行更改。

例如，可以创建一个名为"x"的变量，并将其设置为数字 100，它代表了向前运动的分量。然后，在程序的其他部分中，可以引用该变量来执行各种操作。如果稍后发现向前运动的分量应该为 120，只需要更改变量的值，而不必去更改整个程序。

使用变量可以使我们的程序更加灵活和便于维护。这是编程中的一个基本概念，对于理解计算机程序的工作原理至关重要。

在"数据对象"栏目中可以创建变量，首先要定义变量的名字，变量名只能是字母、数字、下划线的组合，并且只能以字母开头。创建变量后可以看到与变量控制有关的模块，如图 2-46 所示：

图 2-46　与变量控制有关的模块

变量还可以运算，在"运算符"栏目中有多种运算方法，包括四则运算、绝对值、四舍五入、求余，以及大小判断、逻辑判断等。在全向移动中只需要用到加减运算，如图 2-47 所示。

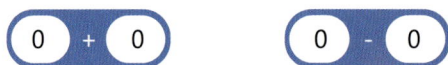

图 2-47　加减运算模块

于是麦轮转速叠加表可以修改成表 2-6。

表 2-6　麦轮转速叠加表（变量）

运动类型	左前轮/（转/分）	右前轮/（转/分）	左后轮/（转/分）	右后轮/（转/分）
向前	x	x	x	x
向右	y	$-y$	$-y$	y
自转	z	$-z$	z	$-z$
叠加	$x+y+z$	$x-y-z$	$x-y+z$	$x+y-z$

转换成图形化代码如图 2-48 所示：

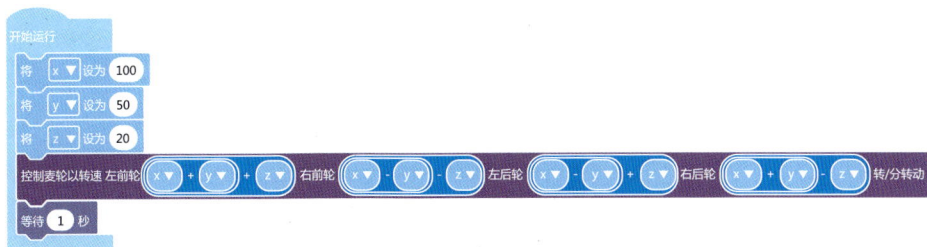

图 2-48　底盘运动叠加图形化代码

这种写法比较复杂，但它体现了变量在编程中的作用，加深了同学们对变量的理解。DJI 封装了一个等价的底盘运动叠加模块，可以便捷地实现相同的功能，如图 2-49 所示：

图 2-49　底盘运动叠加等价图形化代码

2.4.4　刷锅闪避的运动姿势与闪避原理

刷锅闪避，利用了麦克纳姆轮底盘灵活的运动特性，指 EP 机器人麦轮底盘滑出一段类似刷锅动作的圆弧轨迹来躲避敌人的攻击。在刷锅闪避的同时，EP 云台可以瞄准敌人，随时准备反击。刷锅运动如图 2-50 所示。

图 2-50　刷锅运动

2.4.5　编程实现刷锅闪避

为了让 EP 机器人实现刷锅闪避，我们需要运用底盘运动叠加原理。具体而言，我们需要将底盘的平移运动和旋转运动合成为刷锅运动。刷锅运动也分为向左刷锅运动和向右刷锅运动，我们首先讨论向右刷锅运动。令底盘向右运动分量为 100 转/分，自转运动分量为-20 转/分，经过叠加后得到麦轮转速组合为"（左前轮，右前轮，左后轮，右后轮)=（80，-80，-120，120）"。其次，讨论向左刷锅运动。令底盘向右运动分量为-100 转/分，自转运动分量为 20 转/分，经过叠加后得到麦轮转速组合为"（左前轮，右前轮，左后轮，右后轮)=（-80，80，120，-120）"。对比发现，向左和向右刷锅运动互为反向运动，它们的麦轮转速组合正好相反。

现在我们已经学习了让 EP 机器人实现基本的刷锅运动的方法，接下来只需要让 EP 机器人重复进行左右刷锅运动即可。重复刷锅运动程序如图 2-51 所示。

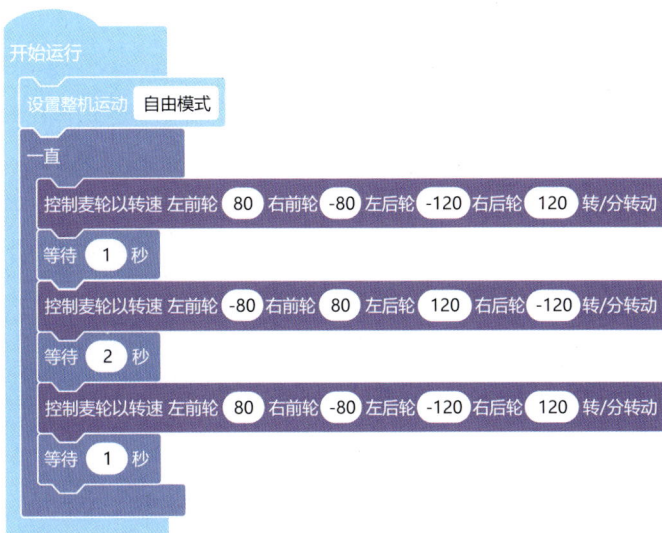

图 2-51　重复刷锅运动程序

在尝试实现刷锅运动的过程中，我们发现无论是用实机还是用模拟器，机器人都会缓慢地向后退，这是因为在运动过程中，EP 机器人的轮子会打滑，导致 EP 机器人没有按照预定的轨迹运动。此时可以添加后退补偿，也就是为麦轮增加一个向前移动的补偿分量，这个分量的大小在不同环境不一样，需要根据具体环境做具体测试。

2.4.6　漂移的运动姿态

漂移是一种驾驶技巧，又叫"甩尾"或"侧滑"。在驾驶过程中，车手以过度转向的方式令车辆侧滑。

漂移主要用在表演或是路况变化较大的赛车活动，因路面摩擦特性，在越野拉力赛里应用频率较高，而其他竞速类赛车则鲜少运用漂移技巧过弯，因为在一般柏油路面上漂移时车速减损较多，而且轮胎损耗较大。

EP 机器人可以轻松完成漂移的动作。事实上，漂移也是一种平面运动，可以看成是前进运动与自转运动的叠加，与刷锅运动相似，二者的不同之处在于，漂移运动的旋转分量要大得多。

2.4.7　编程实现漂移

为了让 EP 机器人实现漂移运动，我们需要使用底盘运动叠加原理。具体而言，我们需要将底盘的平移运动和旋转运动合成漂移运动。漂移运动同样分为向左漂移和向右漂移，在此仅讨论向右漂移。令底盘向前运动分量为 100 转/分，自转运动分量为 -200 转/分，经过叠加后得到麦轮转速组合为"（左前轮，右前轮，左后轮，右后轮）=（300，-100，300，-100）"。相关程序如图 2-52 所示：

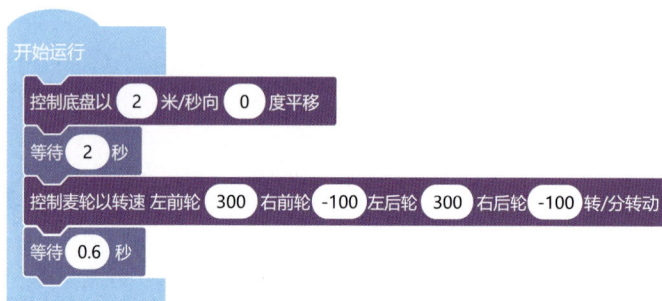

图 2-52　漂移运动参考程序

任务探究

1. 探究不同运动分量大小变化会如何影响底盘运动（例如，设置向前分量 a，向右分量 b，$a+b=100$。调整 a 的大小观察运动状态）。

2. 用学过的知识操纵 EP 机器人完成刷锅闪避。

3. 使用底盘编程模块实现向左漂移和向右漂移。

4. 使用底盘编程模块实现匀速圆周运动。

课后拓展

1. 编写运动姿态更复杂、闪避能力更强的闪避程序。

2. 对比 EP 机器人漂移和普通赛车漂移，说说它们的区别。

2.5 闪电突袭

学习目标

1. 了解闪电突袭的运动姿态。
2. 了解陀螺仪的相关知识。
3. 尝试用编程实现闪电突袭。
4. 掌握使用移动设备体感控制 EP 机器人实现闪电突袭的方法。

情景导入

我们学习过 2 种 EP 机器人控制方法——手动控制和编程控制，实际上控制 EP 机器人的方法还有很多种，如体感控制。体感控制的操作感觉将更加自然和真实，可以做到"人机合一"。本小节将学习如何使用移动设备体感控制 EP 机器人。

2.5.1 用编程实现闪电突袭

闪电突袭是指通过控制 EP 机器人向左前方和右前方交替平移，实现犹如闪电般的轨迹。更刺激的是，我们可以结合体感控制来实现闪电突袭，从而达到"人机合一"的状态。

在学习了全向移动之后，用编程实现闪电突袭对同学们来说简直轻而易举。

闪电突袭运动同样是利用运动叠加原理，由两种平移运动合成。闪电突袭同样分为向右突袭运动和向左突袭运动，向右突袭运动看作是向前平移运动和向右平移运动的合成，向左突袭运动看作是向前平移运动和向左平移运动的合成。以向右突袭为例，底盘向前运动分量为 100 转/分，向右运动分量为 100 转/分，经过叠加后得到麦轮的转速组合为"（左前轮，右前轮，左后轮，右后轮）=（200，0，0，200）"。向左突袭与向右突袭正好相反，二者结合构成闪电突袭，闪电突袭参考程序如图 2-53 所示。

图 2-53　闪电突袭参考程序

当然本小节的重点不是如此简单地实现闪电突袭，我们要结合陀螺仪，实现体感控制。

2.5.2　体感控制

体感控制是一种通过识别玩家的身体动作来操作游戏或设备的技术。它通常使用传感器或摄像头来检测玩家的运动，并将其转换为相应的游戏或设备控制信号。在体感控制下，用户不再需要使用手柄或键盘、鼠标等传统输入设备来操作游戏，而可以直接通过身体动作进行操作。体感控制技术被广泛应用于游戏、健身、医疗康复等领域。

对于 EP 机器人来说，体感控制底盘，就是通过调整操作设备的姿态实现对底盘运动的控制，如图 2-54 所示：具体来说，使用手机控制 EP 机器人，将手机向前翻转，就能令 EP 机器人底盘向前运动，翻转角度越大，向前运动速度越快；同理，将手机向右翻转，就能令 EP 机器人底盘向右运动；将手机原地旋转，就能让 EP 机器人底盘原地旋转。这样就不需要针对基本运动进行编程，真正做到"机随人动、人机合一"。

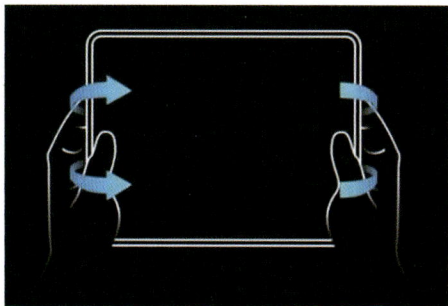

图2-54　用平板体感控制俯仰轴姿态角（俯视）

要实现体感控制，首先要检测操作设备的姿态，其次对操作设备的姿态解算，得到底盘三个方向上的运动分量，最后将三个分量合成，实现体感控制。

检测操作设备的姿态需要用到陀螺仪。

陀螺仪传感器（简称陀螺仪）是一种电子设备，它可以感知手机、平板电脑等设备的姿态角，也就是俯仰轴角度、航向轴角度、翻滚轴角度。通过测量设备的旋转和倾斜，陀螺仪可以提供有关设备在三个方向上的姿态角信息。这些信息可以通过 RoboMaster App 上的模块获取，如图 2-55 所示（注：该模块仅支持移动设备，仅在 RoboMaster App 上使用）。

图 2-55　获取移动设备姿态角信息的模块

姿态解算就是将陀螺仪的姿态角转化成 EP 机器人底盘 3 个方向上的运动分量。

首先，标记零点，也就是程序刚开始运行时的姿态角。虽然姿态角未必为 0，但是要求此时 EP 机器人底盘不做运动，所以要把当前的姿态角视作零点，并用变量记录该零点。其次，把姿态角相对于零点的变化对应到底盘的运动分量上，要求变化越大，运动分量越大。可以设运动分量与姿态角变化成正比，比例系数为体感操作的灵敏度，比例系数越大，操作越灵敏，要根据实际情况调整比例系数。最后，要求稳定在零点附近，也就是避免一些测量误差导致本该停止的底盘发生运动。所以设置一个阈值，当姿态角变化超过该阈值时才会对底盘产生速度输出。如图 2-56 所示：

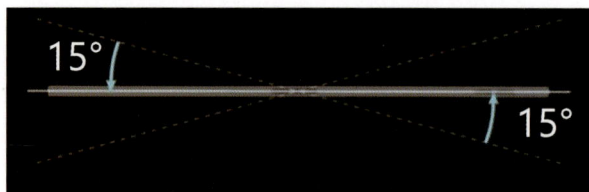

图 2-56　给移动设备的姿态角设置 15° 的阈值

由于姿态解算需要实时进行，所以采用循环语句。底盘体感控制参考程序如图 2-57 所示：

图 2-57　底盘体感控制参考程序

程序内容稍长，首先创建 3 个变量标记零点。然后进入循环，在循环中也创建 3 个变量，用于表示底盘 3 个方向的运动分量。分别对 3 个方向进行判断，如果姿态角相对于零点偏移小于 15°，那么底盘运动分量为 0，否则底盘运动分量＝灵敏度×姿态角变化量。最后将运动分量输入底盘控制模块，控制底盘运动。

值得注意的是，第一，由于移动设备不同，其陀螺仪判定姿态的方向会不同，有的手机设置长边方向的旋转为 pitch，有的手机设置短边方向的旋转为 pitch，并且其正负方向也会有差异，在编程的时候需要根据实际情况调整。第二，Z 方向的灵敏度会远大于 X、Y 方向，这是因为 X、Y 方向的单位为米/秒，对于机器人来说是一个很大的单位，而 Z 方向的单位为度/秒，是一个很小的单位，因此 X、Y 方向的灵敏度数值必须足够小，否则底盘将横冲直撞。

任务探究

1. 使用底盘编程模块实现闪电突袭。
2. 使用陀螺仪编程模块和底盘编程模块实现体感控制 EP 机器人。

课后拓展

用编程实现体感控制 EP 机器人的云台。

第 3 章
灯效和音效

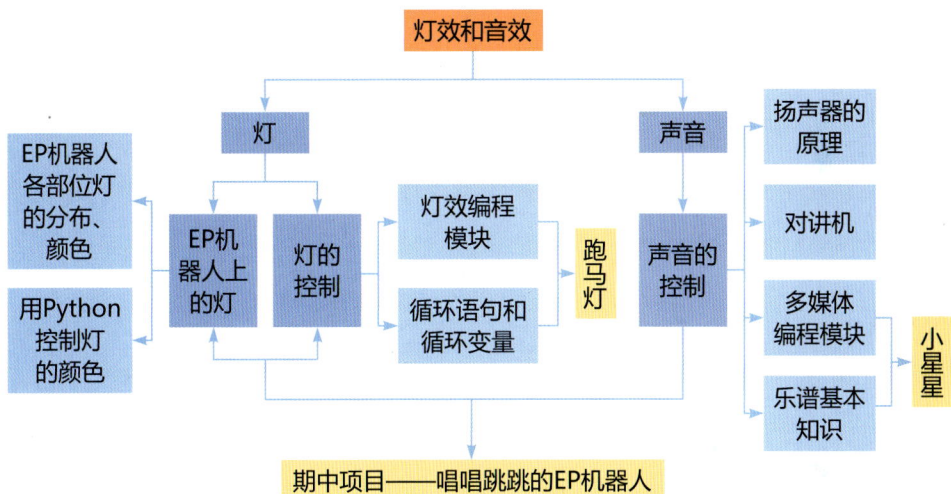

图 3-1　第 3 章知识树

3.1 EP 机器人上的灯

✋ 学习目标

1. 了解生活中的各种灯。
2. 了解灯的颜色是如何产生的。
3. 了解 EP 机器人的灯的分布。
4. 控制 EP 机器人的灯的颜色。

📖 情景导入

通过前一章的学习，你是不是觉得 EP 机器人就是用来完成一些炫酷的动作和参加比赛的呢？其实 EP 机器人还有优雅的一面——它身上的灯。灯可谓是 EP 机器人的一大亮点。

3.1.1 生活中的各种灯

在生活中，我们可以见到各式各样的灯，比如客厅或餐厅中央可以提供照明和视觉效果的吊灯（见图 3-2），放在桌子上提供局部照明供工作或阅读使用的台灯（见图 3-3），以及落地灯（见图 3-4）、壁灯（见图 3-5）、车灯（见图 3-6）、舞台灯（见图 3-7）等。它们给我们的生活提供了光亮，便利了我们的生活。

图 3-2　吊灯

图 3-3　台灯

图 3-4　落地灯

图 3-5　壁灯

图 3-6　车灯

图 3-7　舞台灯

　　思维敏捷的同学可能会发现，上文是按照用途来介绍灯的。那如果从灯的工作原理角度来看，我们又如何给灯分类呢？

　　按照灯的工作原理，我们可以把灯分为白炽灯、节能灯和 LED 灯。

　　白炽灯是一种传统的电灯泡，也称为普通灯泡。它的构造简单，通常由一个玻璃灯泡和一个白炽丝组成。通电时，电流通过丝状的钨丝，钨丝被加热至极高温度，从而发出强烈的光和热。白炽灯的照明效果柔和，色温较暖，一般用于需要温馨氛围的场所，如卧室、客厅等。白炽灯有一些缺点，主要是不够节能、耗电量大、寿命较短。由于白炽灯使用的是热效应，因此它产生的大部分能量都转化为热而不是光。

　　节能灯的工作原理是，灯管中的气体通电后发出荧光，但由于热量很小，所以发出的光是有频率的，在光谱上是单一光，对眼睛有害。不过护眼灯的频率一般是 200 Hz，对人眼伤害不大，较为节能。

　　LED 灯是一种使用 LED（发光二极管）技术的电灯泡。相比传统的白炽灯，LED 灯具有更高的能效、更长的寿命、更低的热量、更小的体积和更高的色彩还原度，因此被广泛应用于各种照明场景中。

三类灯如图 3-8 至图 3-10 所示。

  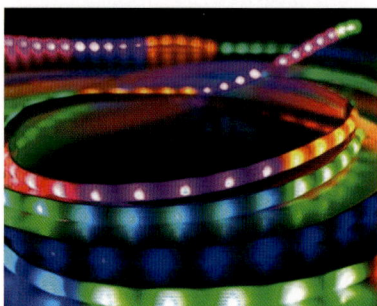

图 3-8　白炽灯　　　　图 3-9　节能灯　　　　　　图 3-10　LED 灯

3.1.2　RGB 色彩空间

RGB 又被称为三原色。由于人类肉眼有三种不同颜色的感光体，能分别感受红、绿、蓝三种颜色的光，因此所见的色彩空间通常可以由这三种基本色所表达。

RGB 色彩空间是指由红色（R）、绿色（G）和蓝色（B）三原色组成的颜色模型。在这个模型中，每种颜色都可以由不同比例的三种基本颜色混合而成，从而产生数百万种不同的颜色。

RGB 色彩空间广泛用于计算机图形学、数字图像处理、显示技术等领域中。在计算机中，图像通常以 RGB 值的形式存储和传输，即以每个像素的红、绿、蓝三个通道的亮度值来表示每个像素的颜色。亮度值的取值范围 一般是 0~255 的整数。RGB 色彩空间也是彩色电视、计算机显示器、数码相机等设备所采用的主要颜色模型之一。所以说，RGB 色彩空间渗透在我们生活中的方方面面，对我们十分重要。将色彩空间用几何方式表示出来，可以更加形象地体会到色彩空间的性质，如图 3-11、图 3-12 所示。

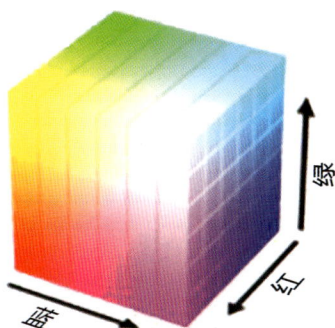

图 3-11　RGB 三原色　　　　图 3-12　笛卡尔坐标系中的三原色正方体

3.1.3　EP 机器人的云台灯、底盘灯、弹道灯

EP 机器人一共有 16 个云台灯，分为两组，一组 8 个，分别位于云台左右两侧。每组灯分别有从 1 到 8 的序号（如图 3-13 所示），在编程模块中可以单独控制某个序号的灯。

图 3-13　EP 机器人云台灯序号

EP 机器人一共有 4 个底盘灯，底盘灯位于底盘装甲板上（如图 3-14 所示），分别分布在底盘的前方、后方、左方和右方，在编程模块中可以单独控制某个底盘灯。

图 3-14　EP 机器人的前方和左方底盘灯

可以在 RoboMaster App 中快速设置 EP 机器人的底盘灯和云台灯的颜色，支持快速设置的颜色共有 11 种，分别是红色、玫红色、紫色、蓝色、浅蓝色、蓝绿色、绿色、浅绿色、橙色、黄色和白色（如图 3-15 所示）。

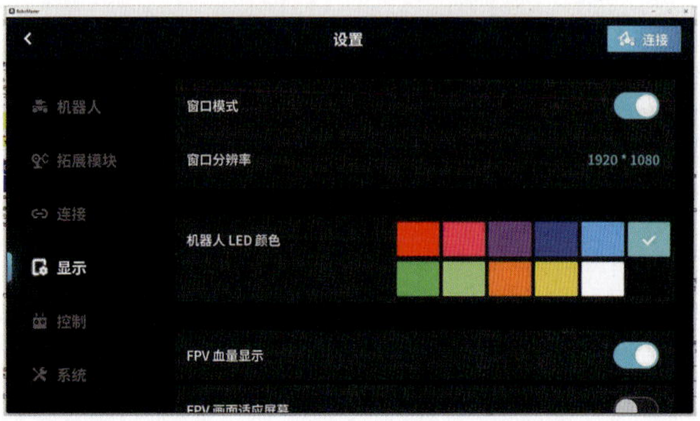

图 3-15　快速设置 EP 机器人灯的颜色

EP 机器人的弹道灯位于 EP 发射器的下方，只有一种颜色（绿色），如图 3-16 所示。在 EP 机器人发射水弹的瞬间，弹道灯会开启，效果十分炫酷，如图 3-17 所示。

图 3-16　弹道灯

图 3-17　弹道灯效果

3.1.4　在 RoboMaster App 中编程控制 EP 机器人灯的颜色（Python）

在 RoboMaster App 的 Python 编程平台中，设有 EP 机器人各种灯的控制接口，可以利用这个接口控制 EP 机器人灯的颜色。其接口的控制函数为：

Function：led_ctrl. set_top_ led（armor_enum，r，g，b，led_effect_enum）

该函数可以控制两侧云台灯的颜色和效果，包括 5 个参数，第一个参数用于选择左侧云台灯还是右侧云台灯，第二至四个参数用于设置灯的 RGB 颜色，最后一个参数用于设置灯的效果。比如：

led_ctrl. set_top_led（rm_define. armor_top_left，128，233，192，rm_define. effect_breath）

其作用为设置云台左侧所有灯以 RGB =（128，233，192）的颜色呼吸闪烁。

🎯 任务探究

1. 请指出 EP 机器人的底盘灯、云台灯、弹道灯的位置，并说说其功能。

2. 用 Python 编程控制 EP 机器人的底盘灯的颜色，观察不同 RGB 值对应的颜色情况。

⸜ 课后拓展

EP 机器人的灯可以有多少种颜色？

3.2　灯的控制

👆 学习目标

1. 掌握灯效编程模块。

2. 用循环语句控制灯光。

📖 情景导入

上一节我们介绍了 EP 机器人的灯，可以控制 EP 机器人的灯变成我们想要的颜色。接下来，我们将会学习更多控制 EP 机器人灯光的技巧，让你具备给 EP 机器人设计灯光秀的能力。

3.2.1　灯效编程模块

我们可以使用大疆教育平台的 Scratch 灯效模块来调整 EP 机器人的云台、底盘、弹道的灯效。灯效模块功能如表 3-1 所示。

表 3-1　灯效模块功能

模块	类型	功能说明
设置 所有▼ LED闪烁 2 Hz	设置类	控制指定位置 LED 灯每秒闪烁次数
底盘 所有▼ LED颜色 ○ 灯效 常亮▼	执行类	控制底盘指定位置 LED 灯的颜色和灯效： ●常亮，LED 灯保持点亮状态 ●熄灭，LED 灯关闭 ●呼吸，LED 灯明暗变化（由暗变亮再变暗） ●闪烁，LED 灯以一定频率闪烁
云台 所有▼ LED颜色 ○ 灯效 常亮▼	执行类	设置云台指定位置 LED 灯的颜色和灯效： ●常亮，LED 灯保持点亮状态 ●熄灭，LED 灯关闭 ●呼吸，LED 灯明暗变化（由暗变亮再变暗） ●闪烁，LED 灯以一定频率闪烁 ●跑马灯，呈圆形排布的 8 颗 LED 灯顺时针滚动点亮
云台 所有▼ LED序号 1 灯效 常亮▼	执行类	设置云台指定序号 LED 灯的明灭，序号 1~8 分别对应云台两侧可独立控制的 8 颗 LED 灯
关闭 所有▼ LED	执行类	关闭指定位置的 LED 灯
开启▼ 弹道灯	执行类	控制发射器弹道灯的亮灭

3.2.2　循环语句与循环变量

循环语句是编程语言中的一种结构，它可以让程序重复执行一段代码，直到某个条件被满足。循环语句通常用于处理需要重复执行的任务，例如重复完成扭腰动作，重复设置灯的光效等。

在大疆教育平台的 Scratch 中，循环变量是用于控制重复执行某个代码块的变量。它可以用来指定循环的次数或控制循环的条件，从而让程序员更轻松地编写需要重复执行的代码，而不必重复编写相同的代码。

在循环中，循环变量通常与循环语句（如重复循环、直到循环等）一起使用，循环变量的值会被逐次增加或减少，直到达到循环结束的条件。例如，如果想要让一个程序重复执行 10 次，可以使用重复循环，并在循环中使用循环变量控制循环次数。我们可以将循环变量的初始值设置为 0，每次循环将循环变量加 1，当循环变量的值达到 10 时，循环结束。循环变量可以根据程序员的喜好来命名，通常会使用有意义的名称来描述其作用。例如，循环变量 count 可以表示计数器的值等。

而 Scratch 中的循环语句和循环变量的设置并不复杂，相关模块功能如表 3-2、表 3-3 所示。

表 3-2　循环模块功能

模块	类型	功能说明
重复 10	执行类	重复运行内部程序若干次（有限循环）
一直	执行类	持续地重复运行内部程序（无限循环）
重复直到	条件类	重复运行内部程序直到条件成立，即：条件不成立时运行内部程序；条件成立时跳出循环，执行下一条指令

表 3-3　变量模块功能

模块	类型	功能说明
创建一个变量　新变量名称：　取消　确认	设置类	创建一个变量，对变量进行命名
Variable	信息类（变量）	获取变量数据

（续上表）

模块	类型	功能说明
将 Variable ▼ 设为 0	执行类	对变量进行赋值，使变量存储输入值
将 Variable ▼ 增加 1	执行类	改变变量的值，使变量增加指定数值

3.2.3　编程控制 EP 机器人的云台灯以逆时针方向依次亮起

编程控制 EP 机器人的云台灯以逆时针方向依次亮起的过程，综合考验了操作者对云台灯的了解程度。想要顺利完成这个程序，必须了解云台灯的序号（见图 3-13），还要会使用控制云台灯的灯效模块。云台灯逆时针依次亮起参考程序如图 3-18 所示。

图 3-18　云台灯逆时针依次亮起参考程序

用上面的程序，我们能按照逆时针方向依次点亮 EP 机器人的云台灯。但是，我们使用了很多重复的模块，这导致程序非常冗长。那么，我们能不能运用循环语句和循环变量的知识，简化程序，并且让云台灯逆时针依次亮起呢？相关参考程序如图 3-19 所示。

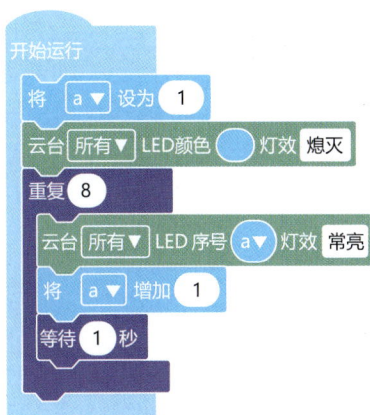

图 3-19　云台灯逆时针依次亮起参考程序

任务探究

1. 编程控制 EP 机器人的云台灯按指定方向依次亮起。

2. 用 Python 编程控制 EP 机器人的底盘灯的颜色从红色连续变化成蓝色（提示：逐渐调整 RGB 的值）。

课后拓展

展开想象，通过编程让 EP 机器人的灯光律动起来。

3.3　声音的控制

学习目标

1. 了解扬声器的原理。

2. 掌握 EP 机器人对讲机的使用方法。

3. 掌握 EP 机器人的多媒体编程模块。

📚 **情景导入**

EP 机器人会闪灯是远远不够的，因为这还没有发挥 EP 机器人的全部能力。别的机器人也会唱、会跳、会闪灯，EP 机器人的功能还有什么呢？下面，我们一起来看看怎么让 EP 机器人演奏乐曲吧。

3.3.1　扬声器的原理

扬声器是一种将电信号转换为声音的电子设备。它的工作原理基于霍尔效应、电磁感应和机械振动原理。

扬声器通常由一个磁体和一个振动膜组成。磁体周围环绕着一根绕组，振动膜则连接在磁体上方，通常是一个圆形的薄膜。当电流通过绕组时，会在磁体周围产生一个磁场，这个磁场会作用于振动膜。由于磁场的作用，振动膜会产生机械振动，振动的速度和幅度取决于电流的强度和频率。振动膜的振动使得周围的空气也产生振动，这些空气振动就是声音。因此，通过改变电流的强度和频率，扬声器就可以产生不同的声音。

总的来说，扬声器的原理就是通过电磁感应和机械振动相互作用，将电信号转换为声音信号，从而实现扬声的功能。扬声器外部结构如图 3-20 所示，内部结构如图 3-21 所示。EP 机器人的扬声器如图 3-22 所示。

图 3-20　扬声器外部结构

图 3-21　扬声器内部结构

图 3-22　EP 机器人的扬声器

3.3.2　EP 机器人对讲机的使用方法

在 RoboMaster App 中，EP 机器人的单机驾驶模式有一个对讲机的功能，这也是 EP 机器人的一个重要功能。对讲机可以录制操作者的声音，然后在 EP 机器人的扬声器上播放出来。EP 机器人也能保存录制的声音，我们可以在多媒体编程模块中使用"播放自定义音频"模块来选择并播放这段录音。也就是说，EP 机器人可以充当一个传话器，将操作者的声音通过 EP 机器人传递出去。更加有趣的是，我们可以给多个 EP 机器人录制音频，然后编写程序让 EP 们演一场幽默风趣的小品。

3.3.3　EP 机器人的多媒体编程模块

了解了关于 EP 机器人扬声器和对讲机的相关知识，想必大家应该已经迫不及待地想让自己手中的 EP 机器人唱起来了吧。不过，我们还是需要先学习 EP 多媒体编程模块的相关知识，这样才能更好地使用 EP 机器人。多媒体编程模块的功能如表 3-4 所示：

表 3-4　多媒体编程模块功能

模块	类型	功能说明
播放音符 1C▼	执行类	从所有音符中选择一个音符播放
播放音效 被击中▼	执行类	播放音效的同时，立刻执行下一条命令（非阻塞型模块）
播放音效 被击中▼ 直到结束	执行类	音效播放完毕后才会执行下一条命令（阻塞型模块）

（续上表）

模块	类型	功能说明
播放自定义音频 选择▼	执行类	播放导入的自定义音频
播放自定义音频 选择▼ 直到结束	执行类	播放导入的自定义音频，直到结束
拍照	执行类	响起快门声的同时拍摄一张照片
开始▼视频录制	执行类	开始或结束视频录制，结束后会在 SD 卡中生成一段视频

当我们想要让 EP 机器人按乐谱弹奏歌曲时，我们常常会用到"播放音符"模块。"播放音符"模块选择音符界面如图 3-23 所示（蓝色框标识的 C1 和 C2 代表音的高低）。

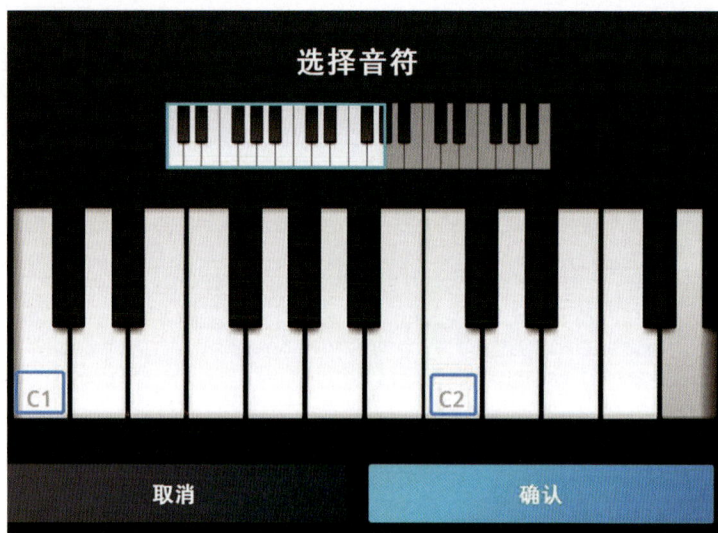

图 3-23　"播放音符"模块选择音符界面

要让 EP 机器人顺利弹奏出歌曲，我们还需要知道音符唱名 [1（do）、2（re）、3（mi）、4（fa）、5（sol）、6（la）、7（si）] 与音名（C、D、E、F、G、

A、B）的对应关系（如图 3-24 所示）以及音符与音符之间的间隔时间。

在五线谱上：

在键盘上：

右手的指法： 1 2 3 1 2 3 4 5

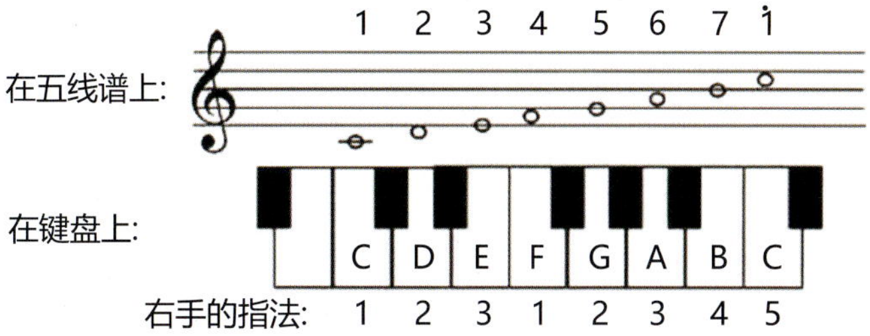

图 3-24 唱名与音名的对应关系

要计算音符与音符之间的间隔时间，我们则需要了解一个概念——BPM（Beat Per Minute，每分钟节拍数）。

3.3.4 让 EP 机器人演奏一首《小星星》

学完 EP 机器人的音效模块以及乐谱的基本知识，我们尝试让 EP 机器人完成歌曲《小星星》的钢琴演奏吧。

我们首先要查找《小星星》的简谱，其次把简谱的音符与键盘的按键一一对应，再次选择自己喜欢的 BPM 并根据公式计算每个音符的间隔时间，最后让 EP 机器人完成《小星星》的演奏。《小星星》简谱如图 3-25 所示。

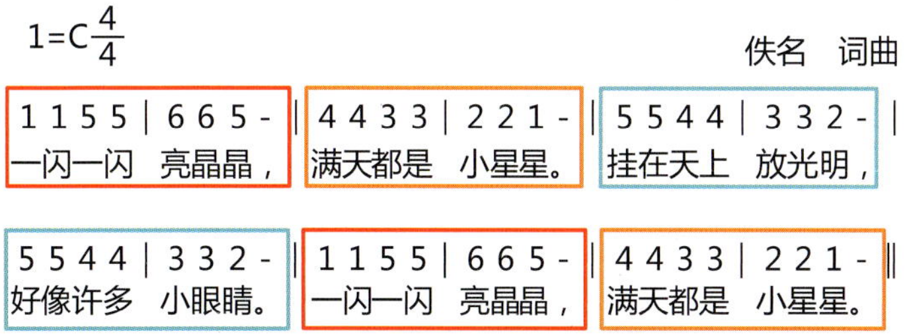

图 3-25 《小星星》简谱

在学习了《小星星》简谱后，我们会发现这首曲子中有很多重复的音符。在编写程序时，我们并不需要将每个音符一个一个地加入程序中，而是可以采用函数封装的方法，即将同一组完全一样的音符封装到一个函数中。通过这种方式，我们可以在编写程序时轻松调用对应的函数。《小星星》音效模块，参考程序如图 3-26 所示。

图 3-26　《小星星》音效模块参考程序

📍 任务探究

设计一个程序，让 EP 机器人演奏一首我们耳熟能详的儿歌——《小星星》。

✂ 课后拓展

在互联网上查找乐谱，尝试让 EP 机器人演奏一首自己喜欢的歌曲。

3.4 期中项目——唱唱跳跳的 EP 机器人

学习目标

1. 巩固前三章学习的内容。
2. 训练编程能力。

情景导入

同学们已经学到第 3 章的末尾了，学习了 EP 机器人的各种炫酷动作和灯光、音效编程模块之后，在这一小节中同学们可以运用所学的知识，完成一套 EP 机器人编舞动作，以熟练掌握 EP 机器人的编程模块。

3.4.1 总结前三章的内容

在前三章中，我们学习了 EP 机器人的基础知识和使用技巧。

在第 1 章中，我们了解了 EP 机器人的基本知识，包括各个重要部件和与 RoboMaster App 以及大疆教育平台连接的基本操作。

第 2 章涵盖了 EP 云台和底盘的知识，包括运用扭腰闪避、刷锅闪避、全向移动、漂移甩尾和闪电突袭等技能。这一章着重强调了底盘和云台编程模块、电机编址、阻塞型模块与非阻塞型模块，同时介绍了自定义技能的装备、底盘运动叠加原理和体感模式控制 EP 机器人等内容。

在第 3 章中，我们学习了如何使用 EP 机器人的灯效和音效，并掌握了使用对讲机、让机器人唱歌以及创建和调用函数等方法。通过这些知识点的学习，同学们已经能够熟练地使用编程模块为 EP 机器人添加各种趣味功能。

接下来我们将进一步应用所学的知识，让 EP 机器人发挥更多潜力，为 EP 机器人编一支舞蹈！

3.4.2 编舞任务的重点知识

在给 EP 机器人编舞的时候，我们要特别注意两个方面，才能让 EP 机器人的编舞更加完美。这两个方面分别是：阻塞型模块与非阻塞型模块的使用和时间节奏的把握。

首先，我们要分清楚阻塞型模块与非阻塞型模块的区别，理解在不同的时候应使用哪种模块。

使用阻塞型模块时，如果阻塞型模块还没有运行或者正在运行，那么阻塞型模块下面的程序也不能运行。如果误使用，可能导致 EP 机器人在该阻塞型模块下的编舞程序动作脱节；使用非阻塞型模块时，非阻塞型模块下方的程序是可以和非阻塞型模块同时运行的。如果这两种模块使用失当，可能导致 EP 机器人的动作还没开始就结束了。所以，分清楚阻塞型模块与非阻塞型模块的区别，并且正确地使用它们，是非常重要的。

在时间节奏的把握方面，我们在给 EP 机器人编舞的时候，要给 EP 机器人选择一段节奏感强的音乐。如果 EP 机器人的动作与光效能卡在音乐的鼓点上，就能增加观看者的观感和律动感，更容易带动人们的情绪。

所以，我们在给 EP 机器人编舞的时候，一定要注意用好阻塞型模块与非阻塞型模块以及把握好时间节奏。

3.4.3 介绍编舞案例

下面，我们来给 EP 机器人编舞吧！首先，我们要给 EP 机器人找一段节奏感比较强的背景音乐。其次，我们可以用音频分析软件分析这首背景音乐，找到音量的波峰。最后，在这些波峰处设计一些动作或者灯光的切换，让 EP 机器人"卡点"。

下面，我们用 Adobe Premiere（简称"Pr"）来分析一段律动感强的背景音乐，其波峰如图 3-27 所示：

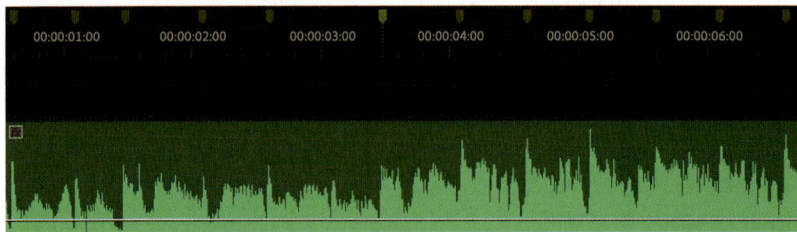

图 3-27　背景音乐波峰分析图

在图 3-27 中，背景音乐的音量波峰处被打上了标记（Pr 中的打标记快捷键为英文状态下的小写 m）。这样一来，我们就对"卡点"的时机把握得非常清楚了。

然后我们运用所学的云台、底盘和灯效知识，发挥创造力，为 EP 机器人编一支动人的舞蹈。

部分编舞程序如图 3-28 所示：

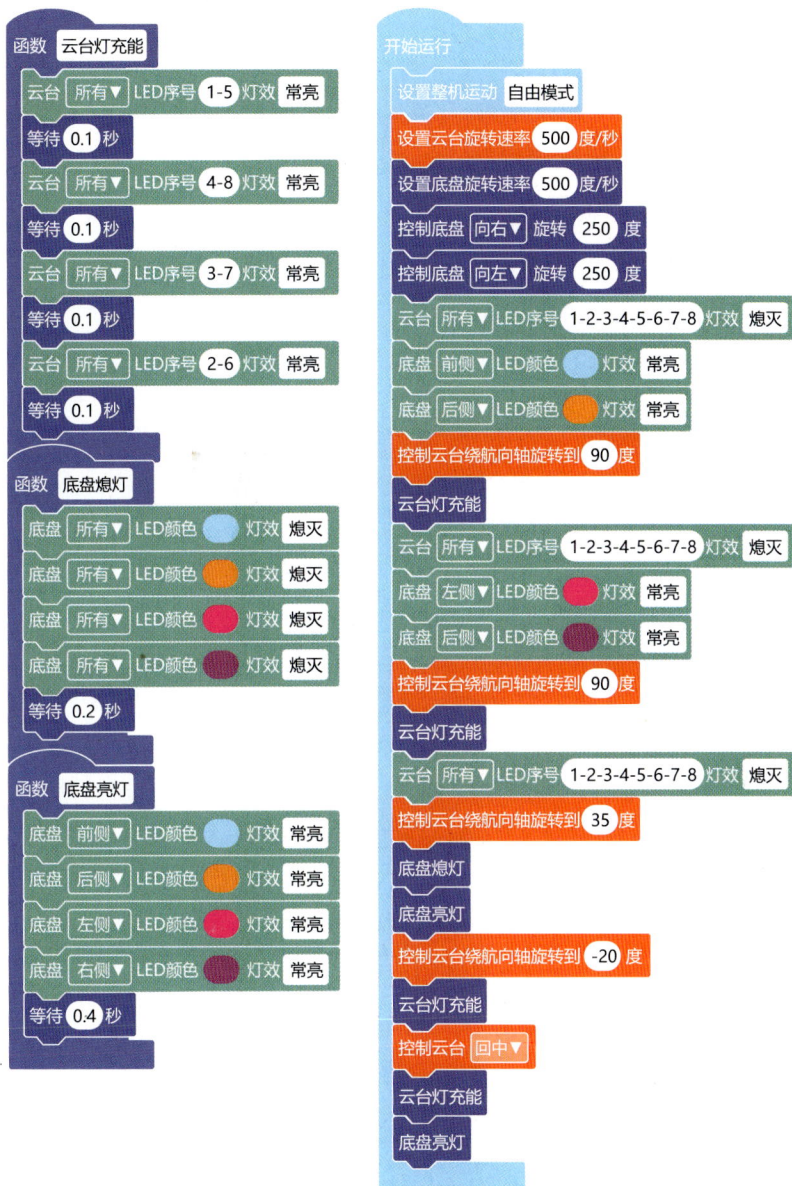

图 3-28　部分编舞程序

任务探究

设计一个程序，用一段节奏感强的音乐来给 EP 机器人编一段唱跳秀，时长不短于 30 秒

第 4 章
传感器

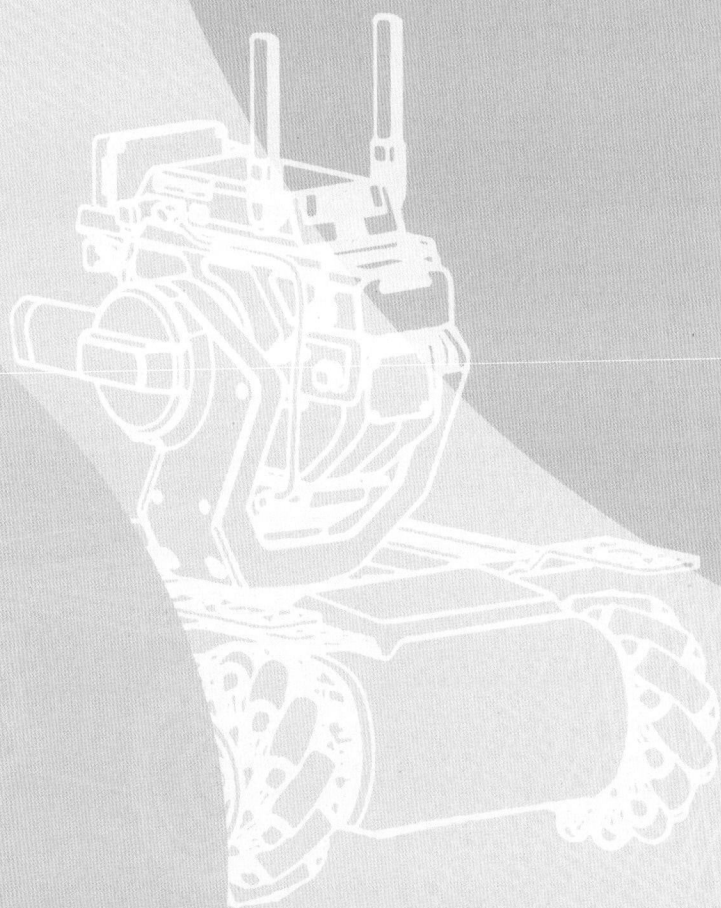

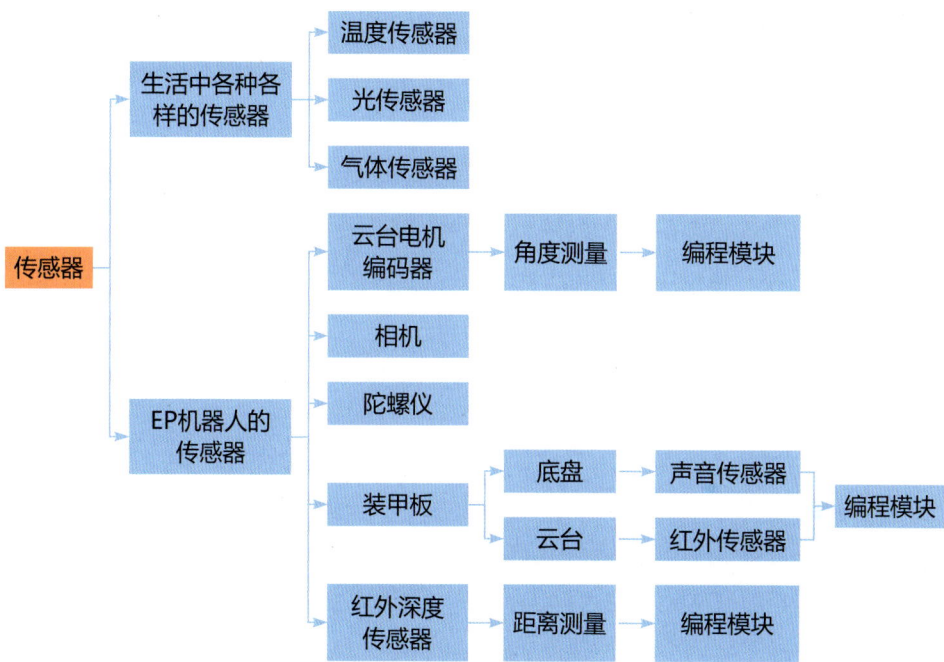

图 4-1　第 4 章知识树

4.1 什么是传感器

学习目标

1. 了解什么是传感器，传感器的功能是什么。
2. 掌握 EP 机器人有哪些传感器，作用分别是什么。
3. 了解一些常用传感器的工作原理。

情景导入

传感器是机器人与外界事物进行交互的部件，是机器人了解外界的媒介，就像有了摄像头，机器人才能够"看到"外界的图像，有了传感器，机器人才能够对环境的变化做出一系列的反应。本小节我们将学习传感器的知识。

4.1.1　传感器的定义及功能

传感器（transducer/sensor）是能感受到被测量的信息，并能将感受到的信息按一定规律变换为电信号或其他所需形式以满足信息的传输、显示、记录、控制处理和存储等要求的检测装置。

通俗地说，传感器可以测量各种物理量，包括温度、声音、光线、电流、位置、速度等，并且能够将这些物理量的值显示出来或者记录到表格中。

传感器的存在和发展，让设备有了"触觉""味觉"和"嗅觉"等感官，让设备"活"了起来，传感器是人类五官的延伸。

传感器具有微型化、数字化、智能化、多功能化、系统化、网络化等特点，它是实现自动检测和自动控制的首要环节。

4.1.2　生活中各种各样的传感器

在我们日常生活中，有很多种传感器，它们可以帮助我们检测环境或物品的变化，比如声音传感器、电表、水表、相机、汽车码表、油箱表、温度计、气压计等。在这里我们简要介绍几种传感器。

温度传感器是一种可以用来测量温度的设备，常用于恒温器等，它的原理是利用两种不同金属受热膨胀系数不同，从而产生弯曲运动。

光传感器则是利用光电效应来检测光线，当光线照射到物体表面时，会产生电信号，类似于夜灯、自动灯等电子设备都需要使用光传感器。

气体传感器实际上就是半导体气体传感器，主要是通过吸附气体分子来改变电阻值，最终转化为电信号。所以我们通常会在烟雾报警器、气体检测仪器中看到气体传感器的身影。

总之，传感器可以帮助我们更好地了解环境和物品的状态，让我们的生活更加便捷和安全。相关传感器的应用示例如图4-2至图4-4所示。

图4-2　微波炉（温度传感器）

图4-3　光控小夜灯（光传感器）

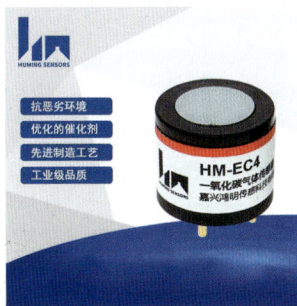

图4-4　一氧化碳气体传感器

4.1.3　EP机器人的传感器

EP机器人集成了多种传感器，它们分布在EP机器人的各个位置，用于实时获取EP机器人的各项信息，这些信息可以被编程模块所接收，并可用编程控制。

1. 云台电机编码器

EP机器人的云台电机编码器（见图4-5）在云台电机的内部，它可以获取云台电机当前的角度数据，可以使用图4-6、图4-7的模块来获得和设置这些数据。

图 4-5　云台电机编码器

图 4-6　获取云台角度的模块　　　　图 4-7　设置旋转角度的模块

2. 相机

相机模块位于 EP 机器人发射器正上方，用于捕获外界的图像，如图 4-8 所示。相机在 RoboMaster App 的编程模块如图 4-9 所示。

图 4-8　相机

图 4-9　相机编程模块

3. 陀螺仪

陀螺仪位于底盘运动控制器上，用于监测底盘的姿态。陀螺仪的应用模块如图 4-10 所示。

底盘 航向轴▼ 姿态角

图4-10 底盘陀螺仪应用模块

4. 装甲板

机器人一共有两种装甲板：云台装甲板和底盘装甲板，如图4-11所示。底盘装甲板使用声音传感器检测水弹，云台装甲板使用红外传感器检测红外光束。装甲板编程模块如图4-12所示。

云台装甲板

底盘装甲板 底盘装甲板

图4-11 装甲板

当 任一▼ 装甲板受到攻击

设置装甲板灵敏度 5

机器人受到红外攻击

最近受到攻击的装甲板 ID▼

任一▼ 装甲板受到攻击

等待 任一▼ 装甲板受到攻击

当机器人受到红外攻击

等待机器人受到红外攻击

图4-12 装甲板编程模块

5. 红外深度传感器

红外深度传感器在相机正上方，通过发射红外光束获得 EP 机器人与障碍物的距离，如图 4-13 所示。红外深度传感器编程模块如图 4-14 所示。

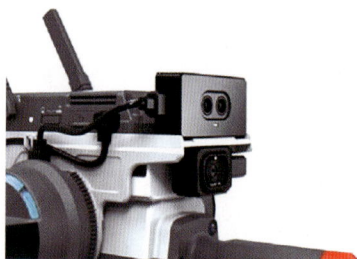

图 4-13　红外深度传感器

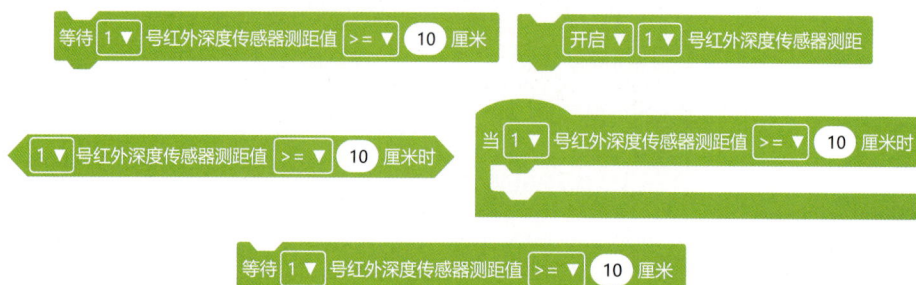

图 4-14　红外深度传感器编程模块

EP 机器人还拥有传感器转接模块，可用于安装第三方传感器，如图 4-15 所示。

图 4-15　传感器转接模块

任务探究

整理总结 EP 机器人的各个传感器，并填写以下表格。

名称	测量对象	获取的测量值	应用
例：红外深度传感器	障碍物到传感器的距离	红外深度传感器测距值	避障

课后拓展

思考如果没有传感器，EP 机器人能否正常运行，如果可以，其运行状态如何？

4.2　装甲板

学习目标

1. 了解 EP 机器人装甲板内部的传感器。
2. 了解装甲板内部传感器的工作原理。
3. 掌握 EP 机器人装甲板编程模块的使用方法。
4. 掌握事件触发模块的使用方法。

情景导入

在 EP 机器人对抗过程中，机器人的装甲板用于检测水弹或激光的攻击，有了装甲板才能保证比赛公平进行。装甲板是一个什么样的部件呢？装甲板是如何识别水弹和激光伤害的呢？这些问题上一节稍有提及，在本小节我们将详细学习装甲板的有关知识。

4.2.1　EP 机器人的装甲板

机器人一共有两类装甲板，分别是云台装甲板和底盘装甲板（见图 4-11）。

云台装甲板内置云台装甲灯，灯光颜色可以在 RoboMaster App 中自定义。中间的广角红外发射接收器（红外传感器）不仅可发射广角红外光束，还可接收其他机器人发射的红外光束，表示被击中。

底盘装甲板一共四块，分别安装于底盘前、后、左、右四个方位，可保护内部结构。每块底盘装甲板都配备了击打检测模块，可用于检测机器人被水晶弹击打的情况，并反馈给智能中控，以扣除相应血量。每块底盘装甲板还配有 LED 灯条，灯条的颜色可以在 RoboMaster App 中进行设置。底盘装甲板受到击打时会有灯条闪烁效果。

4.2.2　装甲板检测原理

云台装甲板采用的传感器是红外传感器，可以同时发射和接收红外光束并转化为电信号，实现装甲板的击打检测。

底盘装甲板采用的传感器是声音传感器，声音传感器能感受声音的信号，例如麦克风，并能按照一定的规律将水弹击打装甲板特有的声音转换成可用于输出的电信号传给智能中控。

4.2.3　装甲板编程模块

在图形化编程中与装甲板有关的模块如表4-1所示。

表4-1　装甲板模块功能

模块	类型	功能说明
设置装甲板灵敏度 5	设置类	设置装甲板灵敏度，灵敏度越大，对撞击越敏感
当 任一▼ 装甲板受到攻击	事件类	这是事件触发模块，若这个模块中的事件发生，那么执行该模块的内容。左侧示例为"当任一装甲板受到攻击"，执行该模块的内容
最近受到攻击的装甲板 ID ▼	信息类（变量型数据）	返回最近受到攻击的装甲板 ID
任一▼ 装甲板受到攻击	条件类	返回此刻装甲板是否受到攻击，真或者假

表 4-1 中，"当任一装甲板受到攻击"是事件触发模块，在 RoboMaster App 的图形化编程中，EP 机器人还有非常多的事件触发模块，它们的形状都比较特别，如图 4-16 所示的"当机器人受到红外攻击"模块与"开始运行"模块的形状一致，这意味着它的地位与"开始运行"相当，具体体现在程序执行的流程上。

图 4-16　"当机器人受到红外攻击"模块

"开始运行"下的程序，称为主程序，点击开始按钮，主程序即开始运行，无论主程序运行到哪个位置，一旦事件触发模块中的事件发生，主程序都会立即暂停，执行事件触发模块中的程序，执行完之后才返回主程序并继续运行。这就好像一个老师正在上课，突然接到一个紧急电话，老师立即暂停课堂，转而处理电话，处理完后回到课堂，继续完成上课内容。

这个过程称为中断，它的特点是，无论什么时候，只要触发了中断，就能立即暂停主程序，进入中断程序处理中断任务，处理完之后再回到中断点继续执行主程序。相比于传统写法要在每个循环中检查事件是否发生，中断对于事件的处理更加灵敏有效。

任务探究

1. 挨打反击：在检测到某个装甲板受到攻击后，根据受到攻击的装甲板的方位使机器人转向目标方向并进行扭腰闪避、发射子弹实现反击，如图 4-17 所示。

图 4-17　挨打反击

2. 挨打扣血：EP 机器人的云台灯亮起的个数代表当前血量值，在检测到某个装甲板受到攻击后，相应的云台灯会熄灭表示扣除血量值，当血量值为 0 时 EP 机器人死亡。

课后拓展

用判断模块实现挨打反击程序，对比判断模块与事件触发模块的区别。

4.3　红外深度传感器

学习目标

1. 掌握红外深度传感器的原理。
2. 掌握 EP 机器人红外深度传感器的安装方法。
3. 掌握编程控制红外深度传感器的方法。

情景导入

在一些家用小轿车上，会配置辅助司机停车的传感器，当汽车与墙壁距离过近的时候，传感器会检测到距离并且提醒司机。EP 机器人也配备了距离传感器，它与汽车上的传感器有什么区别？它能在 EP 机器人上发挥什么样的作用呢？本小节我们将学习 EP 机器人的红外深度传感器。

4.3.1　红外深度传感器的原理

EP 机器人使用红外深度传感器（图 4-18）测量距离，其具有一对红外信号发射器与接收器，发射器发射红外信号，接收器接收这种红外信号。当检测方向遇到障碍物时，红外信号被反射回来且被接收器接收，传感器可以检测从发射到接收之间的时间间隔，时间越长，距离越远；时间越短，距离越近。这样就可以计算出传感器与障碍物的距离，如图 4-19 所示。

图 4-18　EP 机器人红外深度传感器

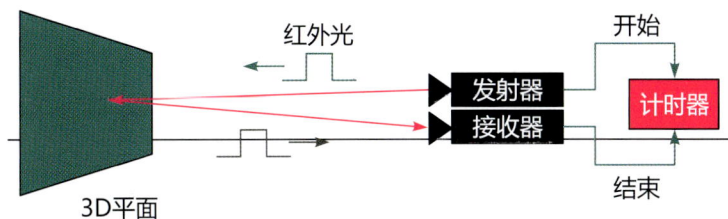

图 4-19　红外深度传感器原理

4.3.2　红外深度传感器的安装

红外深度传感器可安装于云台上，也可搭配红外深度传感器基座安装于机器人底盘拓展基板上。

基座若安装于基板前方，需先固定于拓展连杆上。红外深度传感器若需安装于基板后方，用户需自行设计零件。我们要将智能中控和红外深度传感器放置于合理位置，同时需确保不影响其他部件的安装与连接。

我们首先使用一颗 M3-C 螺丝将红外深度传感器固定于红外深度传感器基座上，组装成红外深度传感器模组，如图 4-20 所示。

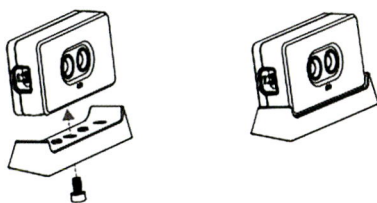

图 4-20　组装红外深度传感器模组

其次，使用两颗 M3-D 螺丝将模组固定于基板的左侧，即底盘左装甲板的上方，如图 4-21 所示。在左侧继续使用 14 cm 数据线连接模组与电源转接模块，如图 4-22 所示。

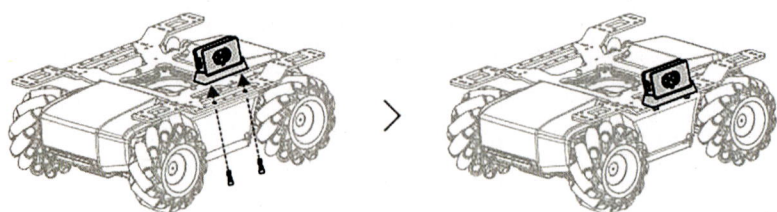

图 4-21　基本左侧安装模组

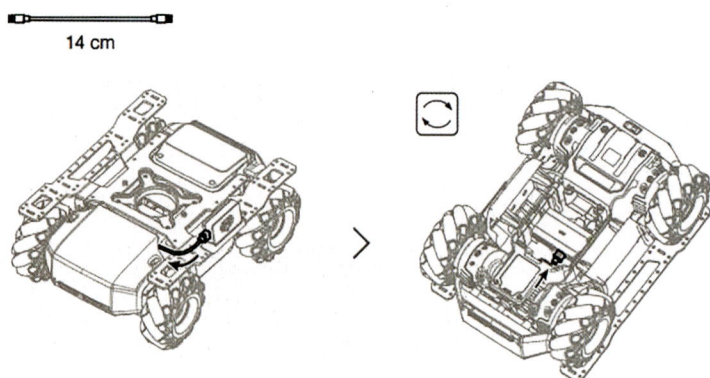

图 4-22　连接模组和电源转接模块

再次，使用两颗 M3-D 螺丝将模组固定于基板的右侧，即底盘右装甲板的上方，如图 4-23 所示。移除底盘右装甲板的螺丝后，使用 12 cm 数据线连接模组与右装甲板，如图 4-24 所示。布置数据线后，重新安装右装甲板，如图 4-25 所示。

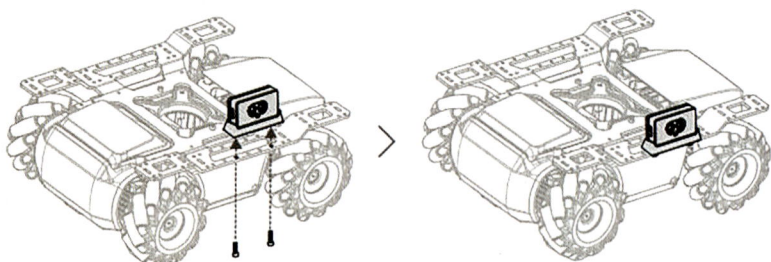

图 4-23　基板右侧安装模组

12 cm

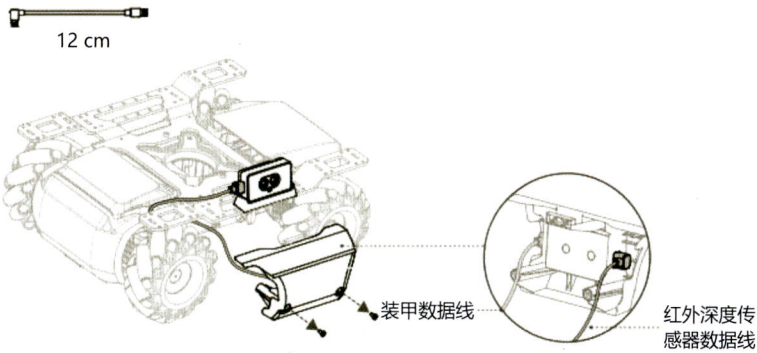

装甲数据线

红外深度传
感器数据线

图 4-24　连接模组和右装甲板

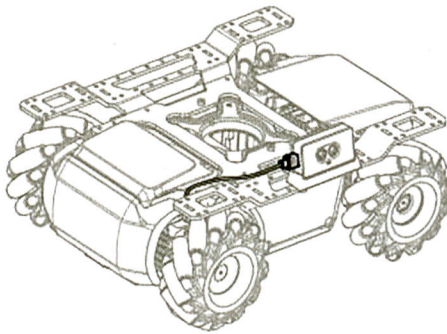

图 4-25　布线后安装右装甲板

最后，使用两颗 M3-D 螺丝将模组固定于拓展连杆上，如图 4-26 所示。使用两颗 M3-C 螺丝将拓展连杆固定于基板前方，如图 4-27 所示。再使用 14 cm 数据线连接模组与电源转接模块，如图 4-28 所示。

图 4-26　固定模组和拓展连杆

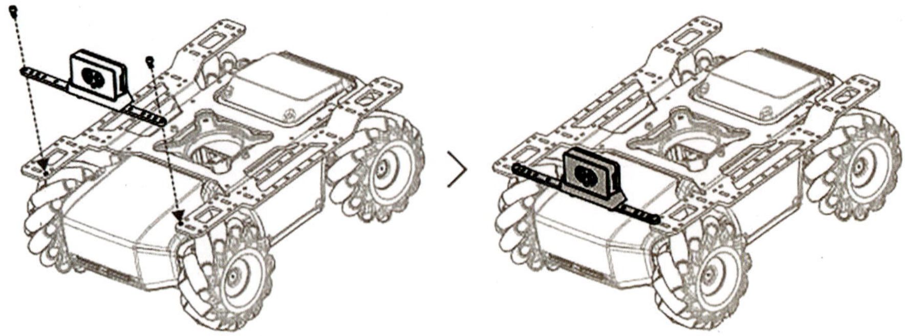

图 4-27　固定拓展连杆和基板

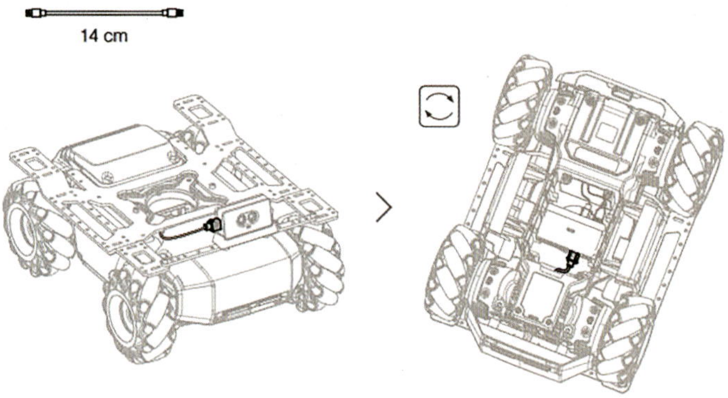

14 cm

图 4-28　连接模组和电源转接模块

4.3.3　红外深度传感器的编程模块

EP 机器人红外深度传感器可以使用编程模块来控制，具体步骤如下：

首先，我们需要打开红外深度传感器的测量功能，并选择其中一个传感器进行操作，如图 4-29 所示。

开启 ▼　1 ▼ 号红外深度传感器测距

图 4-29　开始测距（1 号）

其次，我们可以使用对应的变量来获得红外深度传感器测出来的距离，如图 4-30 所示。

1 ▼ 号红外深度传感器测距值

图4-30　获得测距值（1号）

🔍 任务探究

危险预警：控制 EP 机器人向墙面行驶，当 EP 机器人与墙面的距离较近时扬声器开始示警，随着距离越来越近，扬声器示警的频率越来越高。请使用红外深度传感器和音效模块来实现以上效果。

🔗 课后拓展

EP 机器人可以最多安装 4 个红外深度传感器，思考搭载多个红外深度传感器比搭载单个红外深度传感器具有什么优势？可以完成哪些单个红外深度传感器无法完成的任务？

4.4　陀螺仪

👆 学习目标

1. 了解什么是陀螺仪以及陀螺仪的作用。
2. 了解陀螺仪的工作原理。
3. 掌握陀螺仪的姿态角的含义。
4. 掌握编程获取 EP 机器人底盘姿态角的方法。

📖 情景导入

机器人在运动过程中姿态会发生变化，上坡时抬头，下坡时低头，在一些危险的路段还有可能发生侧翻，为了避免侧翻，机器人要时刻了解自身的姿态，当姿态偏离较大的时候要及时做出反应，避免发生危险。获取姿态的传感器就是陀螺仪。我们在前文学习体感控制时已经初步接触过陀螺仪的相关知识，在本小节中我们将系统认识陀螺仪。

4.4.1　陀螺仪的定义

陀螺仪（gyroscope），也称角度（姿态）传感器，用于测量偏转、倾斜时的转动角度（物理量），如图4-31所示。

图 4-31　陀螺仪

　　传统陀螺仪是利用角动量守恒的原理设计出来的，一旦开始旋转，陀螺的轴向就具有了定轴性，会具有抗拒外界改变其所指方向的趋势。当底座姿态发生改变时，陀螺仪的轴线保持不变，此时就可以测量各个轴的角度以获取底座的姿态。

　　现代设备较多采用电子陀螺仪，它是利用地磁场不变的原理设计的，电子陀螺仪可以检测地磁场的角度变化来获取姿态。其优点在于体积小、构造简单，而缺点在于容易受到干扰，存在零位漂移现象。

　　陀螺仪一共有三个姿态角，分别是航向角（yaw）、俯仰角（pitch）、翻滚角（roll），如图 4-32 至图 4-34 所示。

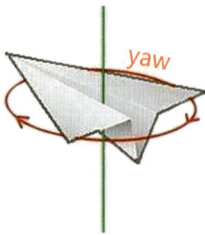

图 4-32　航向角

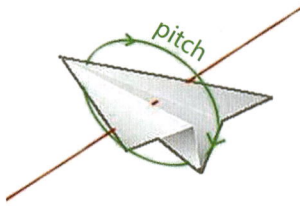

图 4-33　俯仰角

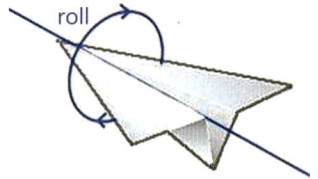

图 4-34　翻滚角

4.4.2　EP 机器人底盘姿态角获取模块

　　在大疆教育平台和 RoboMaster App 中，我们可以使用 EP 机器人的图形化编程模块来获取底盘姿态角值。

　　在"底盘"栏目（见图 4-35）中找到底盘姿态角获取模块（见图 4-36）。

图 4-35　底盘

图 4-36　底盘姿态角获取模块

以上电时刻底盘位置为基准，获取底盘当前在航向轴（见图 4-37）、俯仰轴（见图 4-38）或翻滚轴（见图 4-39）上的姿态角值。

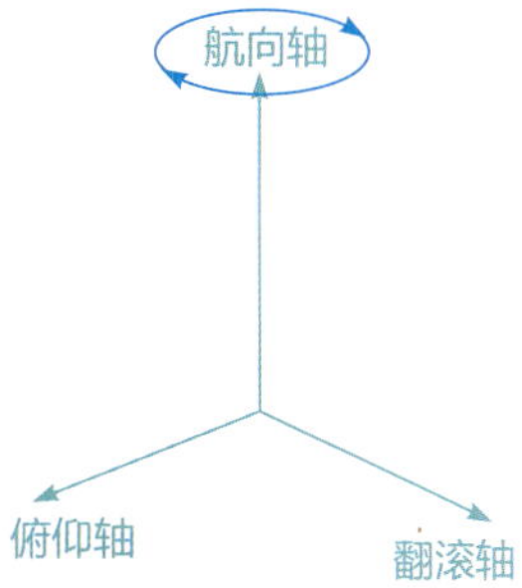

图 4-37　航向轴　　　　图 4-38　俯仰轴　　　　图 4-39　翻滚轴

EP 机器人的底盘向右旋转时 yaw>0，底盘向上翻转时 pitch>0，底盘向右侧翻转时 roll>0。

任务探究

用编程读取底盘陀螺仪的姿态角，当机器人可能出现侧翻的时候，使底盘亮红灯，否则亮绿灯。

课后拓展

EP 机器人的陀螺仪会将上电时的位置标定为 0，上电时底盘没有放置在地面上会对陀螺仪的工作造成什么影响？探究此时底盘和云台的运动会发生什么变化。

4.5 反馈

🖐 学习目标

1. 了解反馈的概念。
2. 理解传感器在控制环节中的作用。
3. 了解开环控制和闭环控制的概念与区别。

📚 情景导入

睁开眼睛走路和闭上眼睛走路的区别在于，睁开眼睛能看到周围环境的信息，这些信息帮助我们正常走路，防止碰撞和摔倒。传感器就像 EP 机器人的眼睛，为了实现更加精确的控制，少不了传感器的参与，这就是反馈控制。本小节我们将简单学习反馈控制的基础知识。

4.5.1 反馈的概念

反馈是控制论中的一个基本概念，它指的是将系统的输出重新返回到输入端，并以某种方式改变输入，从而影响系统的功能和表现。我们可以根据反馈对输出所产生的影响来区分正反馈和负反馈。其中，正反馈会增强系统的输出，而负反馈则会减弱系统的输出。

人在学习的过程中也有反馈作用，当我们接收到新知识并将其应用时，会产生一些新的经验和观点，可以让我们更好地理解和应用这个知识，这就是反馈。典型反馈如图 4-40 所示。

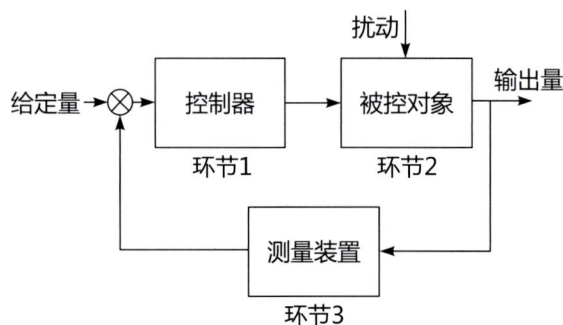

图 4-40　典型反馈

4.5.2 开环控制和闭环控制

开环控制是一种没有反馈信息的系统控制方式。在这种情况下，操作者会设定一系列指令并将其传输到受控对象上，受控对象执行完这些指令后，就不能再被控制了。比如说烧水时，设置好加热时间和功率等参数，只能让水加热到一定温度而无法根据实时情况进行调整。开环控制如图4-41所示。

图4-41 开环控制

闭环控制则是一种带有反馈信息的系统控制方式。在这种方式下，被控制的输出量会以某种方式返回给控制输入端，作为反馈信息。比如烧水时，不断检测水的温度，并根据温度调整加热功率和时间，使得水最终被加热到设定的温度。这样就能在控制过程中不断获得当前状态的反馈信息，并根据信息调整控制策略，以实现更加精确的控制。闭环控制如图4-42所示。

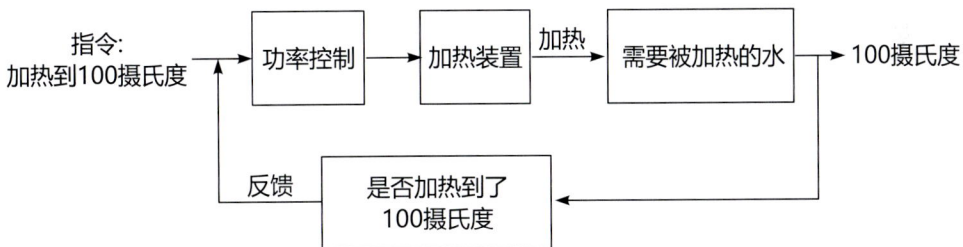

图4-42 闭环控制

🔍 任务探究

判断以下几个例子属于开环控制还是闭环控制，并说说为什么。

（1）大疆GM6020无刷电机（见图4-43）的控制。大疆GM6020无刷电机需要通过外部设备来调整预先设定的转速值，然后通过速度控制器监测当前的实际转速，并进行相应的调整。这样可以确保电机能够稳定、准确地达到设定的转速。

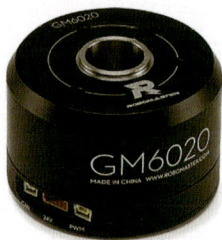

图 4-43　大疆 GM6020 无刷电机

（2）TT 无人机（见图 4-44）悬停的控制。TT 无人机通过测量自身速度来推算出当前向上的升力与自身重力的关系，并调节当前四个无人机螺旋桨的转速来保持定高。

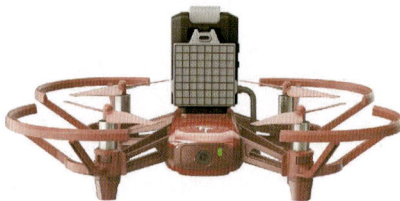

图 4-44　TT 无人机

（3）机器人发射机构（见图 4-45）自动瞄准的控制。当机器人发射机构识别到物体位置时，便可以算出云台移动枪口瞄准物体时的目标姿态，并通过获取目前云台自身姿态来调整云台的速度。

图 4-45　机器人发射机构

课后拓展

回顾前面学习的内容，说说：哪些编程项目属于开环控制，哪些属于闭环控制？如何利用传感器让开环控制的精度更高？

第 5 章
智能识别

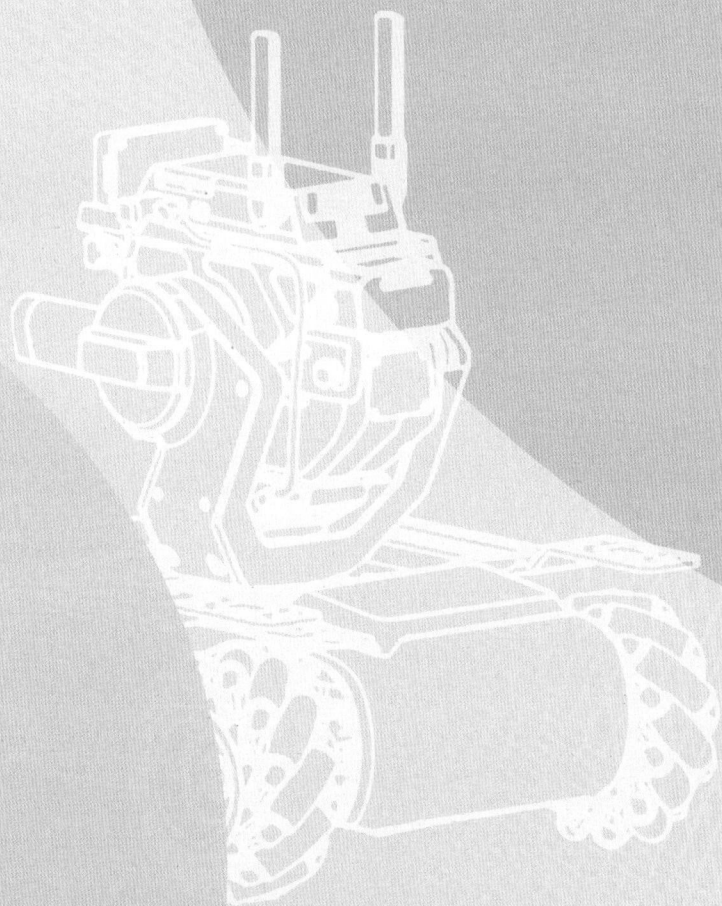

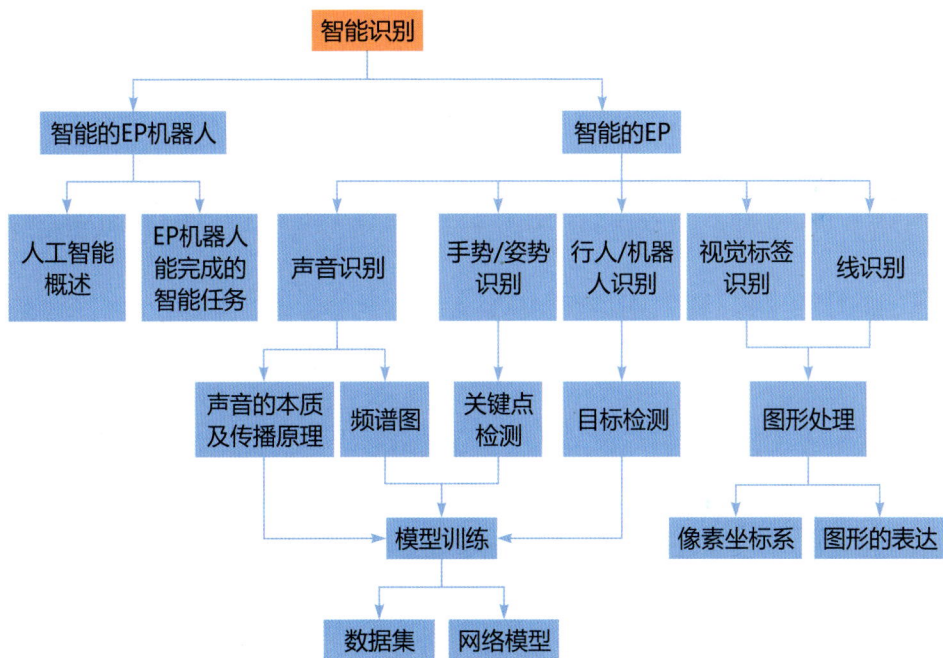

图 5-1　第 5 章知识树

5.1 智能的 EP 机器人

学习目标

1. 了解人工智能的基础概念。
2. 掌握 EP 机器人的智能功能。

情景导入

在电影与现实生活中，我们总能见到许许多多的机器人，它们能够识别并跟随行人，也能检测障碍并进行规避，甚至还可以与人进行简单的交流。EP 机器人也有类似的智能功能，本小节我们将学习 EP 机器人的智能模块。

5.1.1 什么是人工智能

人工智能（Artificial Intelligence，AI）是一种以计算机程序为基础，实现类似人类智能的技术和方法。它是一种基于数据、算法和计算能力的智能行为或智能系统。人工智能技术的目标是模仿人类智能，并应用于多个领域，包括机器人、自动驾驶、智能家居、医疗、金融、教育、娱乐等。人工智能的核心技术包括机器学习、自然语言处理、计算机视觉等。

5.1.2 人工智能可以完成哪些任务

随着核心技术的发展，人工智能可以完成越来越复杂的任务，下面将列举几个常见的人工智能核心技术，并说明其可以完成的任务。

（1）自然语言处理。人工智能可以处理和理解自然语言，包括语音识别、语言翻译、语音合成等。常见的应用例子是翻译工具。

传统的翻译软件通常是基于规则进行翻译，即通过预先编写的语法和导入的词典来进行翻译。这种方法在简单的句子和词汇翻译中效果不错，但在处理复杂句子和多义词汇时容易出现错误。而基于自然语言处理的翻译软件则可以更好地完成复杂的语言翻译任务，提高翻译质量。自然语言处理技术还可以帮助翻译软件自动识别并解决语言中的歧义、同义词、多义词、语法结构等问题。

（2）计算机视觉。人工智能可以通过计算机视觉技术来感知和理解图像和视频。常见的应用例子有人脸识别技术。

传统的计算机视觉是使用数学和算法对图像进行处理和分析。这种方法通常是通过对像素、颜色、形状等特征的简单计算和匹配来实现的。而在人脸识别方面，传统的计算机视觉可能会采用面部特征点的测量和距离计算等方法来识别人脸，这种方法在复杂多变的环境下可能有很大误差。

而基于人工智能的计算机视觉则利用机器学习技术和深度学习神经网络来识别和分析图像。相比传统方法，这种方法可以更准确地检测和识别物体，因为它不是单纯地匹配图像特征，而是通过学习大量数据来建立模型，然后使用这些模型对新数据进行分类和识别。在人脸识别方面，基于人工智能的计算机视觉可以学习人脸的各种特征，如面部轮廓、眼睛、鼻子、嘴巴等，从而更准确地识别人脸。

（3）智能推荐。人工智能可以根据用户的历史行为和偏好，推荐符合其兴趣的信息、产品或服务。常见的应用如电商、视频网站、音乐软件的推荐服务。

人工智能通过对用户的购买记录、观看记录、收听记录等行为进行分析，得出用户的兴趣点，并据此来推荐用户可能感兴趣的物品或服务，以提高用户的满意度和忠诚度，也可以提高商家的销售量和效益。

（4）生成技术。人工智能可以根据用户提供的标签和语句，生成对应的图画。最近非常火热的 AI 绘图就是此项技术的应用体现。

5.1.3 人工智能的发展现状

人工智能自诞生以来，其发展过程经历了多次起伏，如今正处于蓬勃发展的时期。随着计算机技术的快速发展和算力的提升，人工智能在多个领域都有了突破性的进展。

在自然语言处理领域，人工智能已经可以完成高质量的语音识别、语音合成、自然语言理解等任务，逐渐在日常生活和工作中普及应用。在计算机视觉领域，人工智能已经可以完成物体识别、人脸识别、图像分割等任务，广泛应用于安防监控、医疗诊断、自动驾驶等领域。在智能推荐领域，人工智能已经可以完成个性化推荐、内容分发、广告投放等任务，被广泛应用于电商、社交、新闻等领域。在绘画领域，人工智能已经可以完成图像生成、图像修复、画风转换等任务，为艺术创作和设计提供了新的可能性。

人工智能在医疗、金融、交通、教育等领域的应用也越来越广泛。例如，在医疗方面，人工智能可以辅助医生进行疾病诊断、病例分析、药物研发等；在金融方面，人工智能可以用于风险控制、投资决策等；在交通方面，人工智能可以用于交通流量优化、车辆安全监控等；在教育方面，人工智能可以帮助教育机构进行智能化的学习管理和个性化的教育辅导。

当然，人工智能的发展也面临着一些挑战和问题。

一是数据质量和隐私保护的问题。人工智能的发展离不开大量的数据，但很多数据都存在质量问题，例如数据不准确等。另外，随着数据的不断增多，数据隐私保护问题也越来越突出。

二是透明度和可解释性的问题。人们难以理解和解释机器学习技术或人工智能系统的决策过程。这是由于许多人工智能系统采用的是黑盒模型，也就是说，它们在做出决策时的内部运作过程是不可见或难以理解的。在这种情况下，人们很难知道为什么机器会做出特定的决策或给出特定的建议。这个问题的严重性在某些情况下尤为突出。例如，在医疗诊断、司法判决或金融投资等领域，人们需要理解机器学习技术的决策过程以保证正确性、公正性和透明度。

三是道德和伦理问题。例如自主武器、隐私侵犯、社会不公等。

四是资源紧张问题。人工智能依赖大量的计算资源和能源，这在一定程度上限制了它们的发展。

五是失业问题。人工智能的发展可能会冲击一些传统行业。

尽管如此，人工智能依然是未来科技发展的重要方向，其应用前景广阔，为人类社会带来了巨大的发展机遇。

5.1.4 EP 机器人能完成哪些智能任务

EP 机器人能完成许多智能任务。在编程页面中，我们找到"智能"菜单（见图 5-2），在里面有很多关于智能任务的模块，基本包括了 EP 机器人能实现的所有智能功能。其中主要有五个核心功能：标签识别、线识别、掌声识别、姿势识别、行人识别。这些功能都由 EP 机器人内置的算法完成，我们只需要简单调动便能在具体的项目中达到对应的效果。

图 5-2 "智能"菜单

除此之外，EP 机器人也允许外接 AI 模块来实现自定义目标识别。这个功能稍微复杂一些，不是简单调用就能达到效果的，而是需要收集数据并标注，制作成数据集后，再用数据集训练出一个深度学习模型后才能使用。EP 机器人外接 AI 模块的步骤虽然复杂了一点，但能很好地加深我们对人工智能深度学习的理解。

5.1.5 学习 EP 机器人的智能功能需要先掌握哪些基础

在学习 EP 机器人的智能功能之前，我们需要先掌握本书前四章的内容，熟悉控制 EP 机器人的云台、底盘，熟悉阻塞型模块与非阻塞型模块的使用方法，熟悉传感器及其控制，熟悉循环语句、判断语句、变量、函数等知识。因为智能功能只是强化了 EP 机器人获取信息的能力，但后续的执行还需要我们控制 EP 机器人做出相应的动作。

⌖ 任务探究

1. 说说你在影视作品中见过的人工智能以及现实中见过的人工智能，讨论一下它们的特点。

2. 现实中的人工智能可以实现哪些功能？请举例说明。

3. 打开大疆教育平台编程界面中的智能模块，浏览其中的功能，并说说 EP 机器人可以完成哪些智能任务。

⌁ 课后拓展

在生活中，许多商品都标榜"智能"，如智能手机、智能手表、智能闹钟、智能台灯等，请结合所学知识判断这些产品是否属于人工智能，它们的智能之处在哪里？请举例说明。

5.2　声音识别

🖐 学习目标

1. 了解声音识别的基础原理。
2. 掌握使用 EP 机器人进行掌声检测的方法。

📚 情景导入

在不少影视剧中，我们总能见到人工智能作为决策辅助者在一旁帮助主角分析和决策。一个人工智能想要和人类对话，首先要做到的便是识别声音，那么机器人如何识别声音呢？

5.2.1　声音的本质及传播原理

声音由振动产生。其能在固体、液体、气体中传播，但不能在真空中传播，这说明声音的传播需要介质。其实，声音的本质是一种机械波，物体的振动产生压缩波和稀疏波，这些波通过媒介（例如空气）向外扩散，并最终到达我们的耳朵，通过耳朵中的听觉器官转化成电信号，然后经过大脑的处理，成为我们所听到的声音。

声音因振幅、频率、波形的不同而不同：振幅越大，声音越响；频率越高，音调越高；波形不同，声音的音色也不一样。

因此，计算机使用特定的传感器就能接收声音，对声音的振幅、频率和波形进行分析便能区分不同的声音以及识别匹配某个声音。

5.2.2　人工智能声音识别的原理

人工智能可以使用深度学习模型实现声音的识别。下面我们简单地了解一下其中的原理和流程。

进行声音识别就是要设计一个深度学习模型，输入我们的声音，经过计算后，模型会告诉我们这个声音属于哪一类，或者这个声音中所讲述的内容是什么。

因此，我们需要解决以下几个问题：如何收集与表示声音？声音以什么格式输入模型？怎么构建深度学习模型？

首先，我们来解决声音的收集与表示问题。我们常用声音传感器收集声音。常见的声音传感器是麦克风。麦克风里有一个振膜，当声音传入麦克风，便会使振膜振动。而振膜连着一个磁铁，当振膜振动时，便会带动磁铁运动，使电路产生变化的电信号。如果将麦克风产生的电信号传到扬声器中，扬声器把电信号变为声信号，便能发声了。但我们要做的是收集声音，所以我们可以把麦克风产生的电信号传入计算机，计算机便可以绘制出波形，并把信号以某种格式记录下来。常见的格式有 WAV 和 MP3。我们使用一些和音频相关的软件（如 Adobe Audition）打开这些音频文件，就能看到这些音频的波形。

其次，我们来分析声音该以何种格式输入模型。为了解决这个问题，我们可以借助频谱图（见图 5-3）来分析声音。声音实际上是由多种不同频率的声波组成的，这些声波被称为谐波。要理解声音的构成，我们需要将声音的谐波分离出来。这可以通过构建频谱图来实现，其中频率作为横坐标，而声音的强度或振幅则用颜色或高度来表示。

为了分离声音中的不同频率成分，我们可以使用数学上的傅里叶变换方法。傅里叶变换是一种高级数学工具，它能够将复杂的波形分解为简单的频率成分。因为傅里叶变换属于高等数学的范畴，所以在这里我们不需要深入了解其复杂的数学原理。重要的是，通过傅里叶变换，我们可以清晰地看到声音中包含的所有频率成分，从而更好地理解声音的本质。

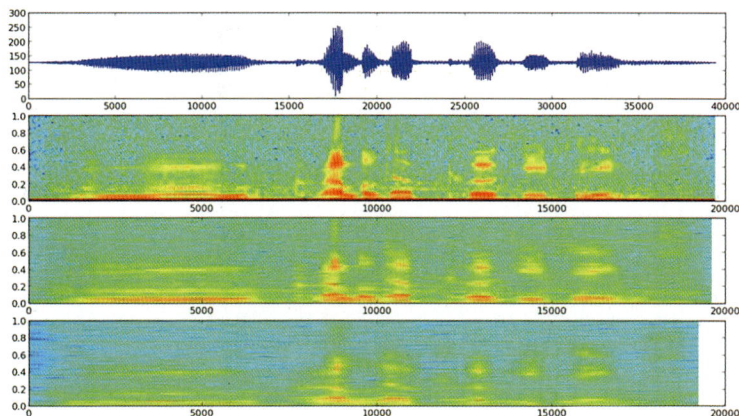

图 5-3　频谱图

最后，我们还需要解决的问题是如何构建深度学习模型。这里我们以常用的卷积神经网络为例子来说明。卷积神经网络是由多个卷积层堆叠而成的网络结构，它的作用是提取高维特征，也就是我们肉眼无法观察到的有利于识别与分类的特征。每个卷积层都会进行卷积计算，而卷积层堆叠的层数越多，则代表这个网络的特征提取能力越强，但层数过多也会出现问题。因此，如何增加更多的层数并且解决随之出现的各种问题就成了前沿学者一直在研究的课题。他们已经通过大量的实验总结出一些规律以及技巧，并设计出一些效果不错的网络模型，我们只需要简单地调用他们设计的网络模型来进行训练即可。没错，我们的网络模型是需要进行训练的，我们可以把学者们设计好的模型想象成一个刚入职的什么都不了解的员工，"他"需要经过大量相关岗位的培训，才能逐渐熟悉这份工作。而在声音识别的任务中，我们需要收集大量的声音数据，构成数据集，然后让网络模型从中进行多次学习，从而使其慢慢变得优异。

现在我们来总结一下使用深度学习模型进行声音识别的框架和流程。首先，我们要收集声音，构成数据集，并做一些简单的数据预处理，比如去除噪声等。其次，我们要把声音的音谱转化为频谱图。再次，我们选择一个卷积神经网络模型，并使用我们处理好的频谱图对其进行训练，得到一个训练好的网络模型。最后，当我们需要进行声音识别时，我们只需要将目标声音进行预处理，然后转为频谱图，再输入模型中，模型就会得出答案。

5.2.3　EP 机器人拍手识别

EP 机器人也有与声音识别相关的功能，它就是拍手识别。EP 机器人已经内置了拍手识别的模型，且机器人身上搭载了声音的传感器。开启拍手识别后，EP 机器人就会一直收集周围的声音，并不断输入模型中，当模型判断出环境中存在掌声，便能做出反应，至于做出的反应是什么，这就需要操作者自己设定了。拍手识别需要用到的图形编程模块如图 5-4、图 5-5 所示。

图 5-4　"开启拍手识别"模块　　图 5-5　"当识别到×次拍手"模块

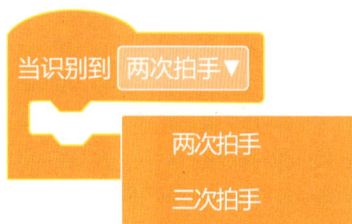

任务探究

让 EP 机器人识别不同拍手次数的掌声并做出反应，例如：识别到两次掌声时，亮起绿灯；识别到三次掌声时，亮起红灯。

课后拓展

1. 测试一下在多远的距离拍手时 EP 机器人无法检测，再测试一下机器人是否会把其他声音误识别为掌声。

2. 试着结合之前所学的知识，让 EP 机器人跟随你的掌声起舞，例如：检测到两次掌声时，EP 机器人开始跳舞；检测到三次掌声时，EP 机器人停止跳舞。

5.3 手势/姿势识别

学习目标

1. 了解人工智能姿势识别的原理。
2. 掌握用编程实现 EP 机器人手势识别的方法。

情景导入

我们不总用声音传播信息，偶尔也会用简单的手势或姿势传播信息。比如举起"剪刀手"，我们就知道你可能在拍照。如果机器人能够识别手势，意味着我们对机器人做简单的手势，就能实现让远处的灯关闭等任务，这将大大方便我们的生活。

5.3.1 人工智能姿势识别的原理

人工智能是如何进行姿势识别的呢？其实相关原理和我们在上一节学习的声音识别差不多，都是使用深度学习模型，流程也相似：收集数据并进行数据预处理；设计网络模型并进行训练；代入数据得出结果。所以我们可以将所有使用深度学习模型的任务流程分为两步，第一步为获取模型，第二步为使用模型。

为了进行姿势的识别，我们需要先用计算机和数学表示姿势。随着人体姿势识别技术的发展，学者们设计了使用人体姿态关键点及其连线来表示人体的方法，如图 5-6 所示。人体关键点通常对应人体上有一定自由度的关节，比如颈、肩、肘、腕、腰、膝、踝等。所以我们只需要设计一个深度学习网络来识别图中人物的关键点即可知道其姿势。

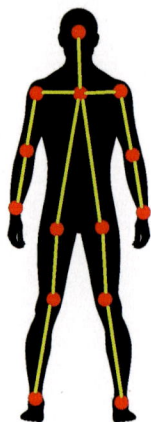

图 5-6　人体姿态关键点及其连线

但不同的人有不同的设计方法，行业里出现了多种设计方案。其中一种是纯 2D 图像识别，即只使用 2D 的图像得到人体关键点。这种方法又有两种模式：第一种是自上而下的，也就是先使用目标检测模型检测出图中所有的人，再仔细查找每个人身上的关键点；第二种是自下而上的，也就是先检测出所有的关节，再通过相关算法组合成一个人。这两种模式各有优缺点，第一种模式的优点在于先找人再找点，基本所有找出来的点都属于这个人，不会张冠李戴，但缺点也很明显，当无法检测出人时（如由于遮挡造成无法识别）就会发生关键点漏检现象，当两个人的检测框重叠时便会发生重复检测的现象。第二种模式的优点是基本不存在重复检测现象，但缺点是容易组合出错，造成张冠李戴。

除了纯 2D 图像识别，还有 2D+ 的识别方式，这种方法也是输入一幅图像，但检测出来的关键点会进行 3D 重建，最后得到的是人体关键点在空间中的坐标。还有一种 3D 的识别方式，这种识别方式是输入一些 3D 的图像数据，直接在空间中检测关键点。

具体的网络结构和训练方式，我们在这里不做过多的介绍了，我们只需要通过调用别人设计好的网络模型，并代入我们收集好的数据集，最后根据说明书操作便能获得我们想要的模型。当我们需要进行姿势识别时，把图片输入模型即可得到答案。

5.3.2 用编程实现 EP 机器人手势识别

EP 机器人也内置了姿势识别的功能，不过并不是人体整体的识别，而是手势识别。大疆教育平台已经帮我们构建了模型，我们要得到想要的效果只需要使用模型。和声音识别一样，当我们使用"开启姿势识别"模块（见图 5-7）后，EP 机器人便会不断将获取到的图像输入模型，当模型给出的答案是识别到 V 字或者倒 V 字手势后，机器人便会做出对应的反应。相关手势识别模块如图 5-8 所示。

图 5-7 "开启姿势识别"模块   图 5-8 手势识别模块

任务探究

设计一个程序，让 EP 机器人根据不同手势做出动作，如：识别到 V 字手势就原地转一圈，识别到倒 V 字手势就扭腰，识别到拍照手势就拍一张照片。

课后拓展

1. 把你的手势做得随意一点，测试一下机器人是否还能识别到你的手势。
2. 不要正对着机器人做手势，尝试改变一下角度，测试一下机器人是否还能识别到你的手势。

5.4 视觉标签识别

学习目标

1. 认识视觉标签。

2. 了解视觉标签识别的基础原理。

3. 掌握列表的基础用法。

4. 掌握让 EP 机器人识别视觉标签的方法。

📚 **情景导入**

在一些仓库的地面上，贴满了外形相似的视觉标签（如图 5-9 所示），这些标签有着相似的特征，但也存储着独特的信息，机器人通过识别这些标签，能够清楚地知道自己正处于仓库中的哪个位置，也能规划出自己下一步要往哪里走。那么，机器人是如何识别出这些视觉标签的呢？本小节我们将学习视觉标签的有关知识。

图 5-9　智能仓储定位视觉标签

5.4.1　认识视觉标签

如今，机器人识别物体通常会使用两种方法。一种方法是使用传统的算法，通过对像素、颜色、形状等特征的简单计算和匹配来进行识别，这种方法的优点是识别的速度快，缺点是准确率很低，特别是对特征多样的物体而言更是如此。另一种方法是使用深度学习模块，优点是识别率高，但为了训练深度学习模型并达到好的效果，我们需要准备大量的数据集，以及使用计算能力强的设备反复调整训练参数，时间与经济成本高。

在有些情况下，我们希望有一种识别方案，识别精度高且速度快，成本还低廉。比如在机器人研发阶段，我们需要让机器人与某物体接触，如果此时再设计一个基于深度学习技术的视觉系统似乎有些费时费力。再比如在生产环境下，购置一批计算能力强的设备需要花费大量的资金，成本较高。因此，视觉标签便应运而生。

视觉标签实际是经过专门设计的、既有共性又有特性的图片，如图 5-10 所示。共性是指它们长得十分相似，特性是指它们内部携带着不一样的身份信息。EP 机器人也有一套专属的视觉标签，它们类似二维码，如图 5-11 所示。

图 5-10   业界常用的视觉标签：ArUco 码

图 5-11   EP 机器人的视觉标签

5.4.2　EP 机器人是如何识别视觉标签的

视觉标签的识别原理大同小异，我们就以 EP 机器人的视觉标签为例子来进行学习。

我们可以看到，EP 机器人的视觉标签（见图 5-11）只有两种颜色，也就是红色与白色。红色为图案的颜色，而白色为底色。我们首先以红色为特征进行识别，这一个特征足够规避很多非红色的物体了。常用的方法是将 RGB 模型转为 HSV 模型。RGB 模型与 HSV 模型都是用于描述颜色的模型，RGB 模型主要用红、绿、蓝三种颜色的强度来描述颜色，而 HSV 模型使用色调、饱和度、亮度三个值来描述颜色。因为 HSV 模型能够更好地描述和调整颜色的属性，尤其是在颜色的饱和度和亮度上，所以相比于 RGB 模型更加直观和方便。因此，在需要进行颜色相关任务时，使用 HSV 模型可以更好地满足需求。当我们转换模型后，可以设定一定阈值来筛选颜色特征。比如说，我们通过查表获得了橙色的色调范围是 11~25，那么我们可以规定，色调值超出这个范围的部分要被全部屏蔽掉，只留下符合色调范围的部分。颜色提取的效果如图

5-12 所示。

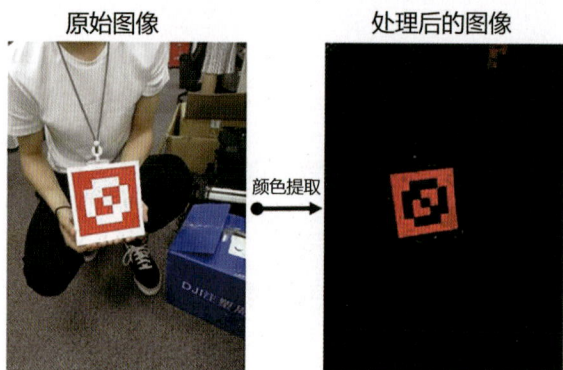

图 5-12　颜色提取效果

通过设定红色的 HSV 阈值，我们将符合阈值的部分设定为白色，不符合阈值的部分设定为黑色，也就是将图像的颜色变为非黑即白，黑为 0，白为 1，共两个值，所以这个过程被称为二值化，如图 5-13 所示。就这样，我们利用颜色特征完成了第一层筛选。

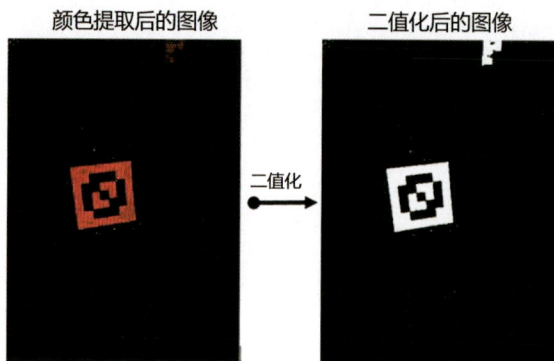

图 5-13　二值化

其次，经过颜色筛选后，我们会发现可能还有其他红色的图像也保留了下来，所以第二层筛选需要将这些非目标图像剔除（如图 5-14 所示）。怎么剔除呢？首先我们需要利用一些数学算法计算出图中白色部分的轮廓，其次尝试使用一个最小外接矩形去拟合这些轮廓，最后我们再计算最小外接矩形的面积、凸度（轮廓面积与最小外接矩形面积之比）、长宽比等特征，如果不满足我们预设好的阈值范围，则进行剔除。剔除完成后剩下的便是我们需要的标签了。

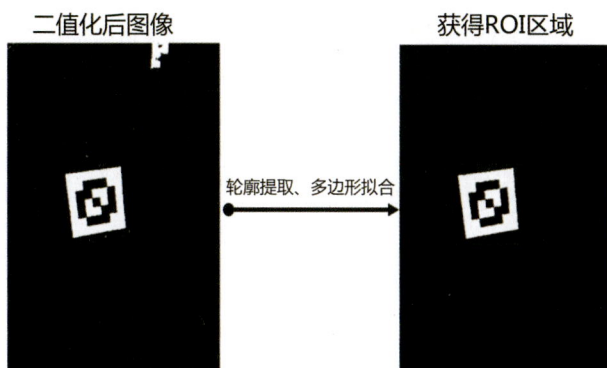

二值化后图像　　　　　　获得ROI区域

轮廓提取、多边形拟合

图 5-14　剔除非视觉标签区域

再次，视觉标签在图像中可能是倾斜的姿态，为了获取其中的身份信息，我们需要正视这个视觉标签，以看得更仔细。这里我们使用透视变换。透视变换是一种将图像从一种透视投影的视角转换到另一种透视投影的视角的技术。透视投影是指将三维空间中的物体投影到二维平面上时，由于视点的位置和角度的不同，导致物体在投影平面上的形状发生变化。也就是说我们需要将视点转向正视方向。通过透视变换，我们已经能正视视角标签了（如图 5-15 所示），但周围的环境也被拉扯得不像样了，因此我们需要将 ROI 区域提取出来。所谓的 ROI 区域就是"感兴趣的区域"，在这里指我们的视觉标签。这个过程有点像我们使用手机相机的文档模式，将我们需要的文档"抠"出来。

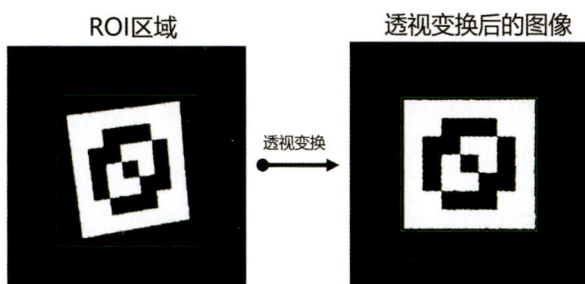

ROI区域　　　　　　透视变换后的图像

透视变换

图 5-15　透视变换

最后，我们使用哈希表，根据红框内的图案翻译出对应的 ID 信息，如图 5-16、图 5-17 所示。

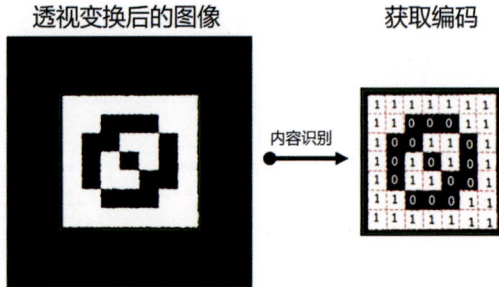

透视变换后的图像　　　　获取编码

内容识别

图 5-16　内容识别

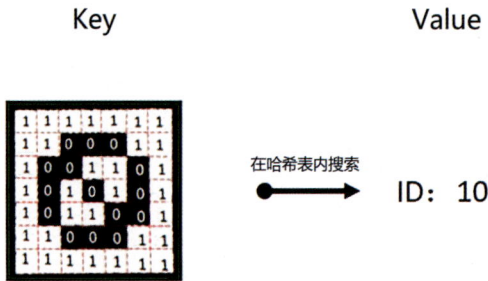

Key　　　　　　　　　　Value

在哈希表内搜索

ID：10

图 5-17　在哈希表内搜索

5.4.3　列表的概念和基础用法

变量相当于一个容器，我们可以给这个容器命名，比如水杯。然后我们可以往这个容器里放不同的数值，就像水杯里可以装不同的液体。所以变量的作用是存储和取用数值。而列表就相当于多个容器组合在一起，就像一堆水杯摆放在一起。列表通常用于存储多个有关系的变量。

在 EP 机器人的编程中，我们也能使用列表来让我们的编程更方便。在 EP 编程界面中创建列表的按钮如图 5-18 所示。

数据对象　　　　创建一个列表

图 5-18　在 EP 编程界面中创建列表

首先，我们要知道列表的长度与顺序。所谓列表的长度，就是指列表中存储了多少个数值，比如列表中存储了 3 个数值：1、2、3，那么这个列表的长度就是 3。列表是有顺序的，第 1 位的序号为 1，第 2 位的序号为 2，如此类推，如果有一个列表存储了 3 个数值：1、2、3，那么它的第 1 位数值为 1，第 2 位数值为 2，如图 5-19 所示。

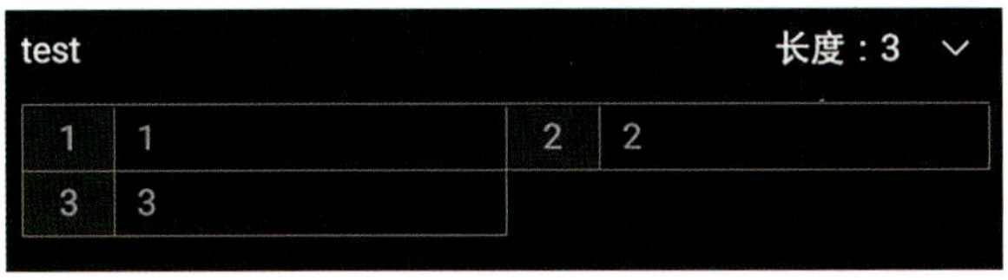

图 5-19　列表调试界面

其次，我们要知道如何将数值加入列表。有两个方法：第一个方法是从前面加入，第二个方法是从后面加入。比如列表存储 3 个数字：1、2、3，本来第 1 位的数值是 1，现在我们从前面加入一个数值 0，那么列表就变成了：0、1、2、3，也就是所有的数值都往后移了一位，以空出一个位置允许 0 的填入。此时列表的第 1 位数值为 0，如图 5-20 所示。如果是从后面加入 0，那么列表就变成了：1、2、3、0，其第 1 位还是 1，如图 5-21 所示。

图 5-20　从前面加入 0

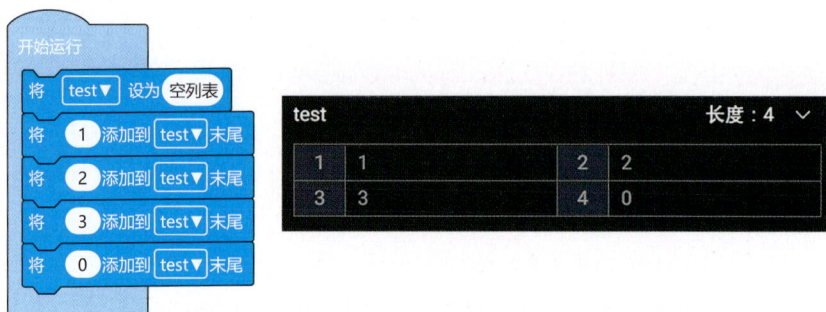

图 5-21　从后面加入 0

下面我们来了解如何删除列表中的一个值。比如列表为 1、2、3，第 2 位的数值是 2，而我们使用模块删除了第 2 位后，这个列表就变成了：1、3，此时第 2 位的数值变成了 3，列表的长度也由 3 变成了 2，也就是后面的数值向前移动了一位，如图 5-22、图 5-23 所示。

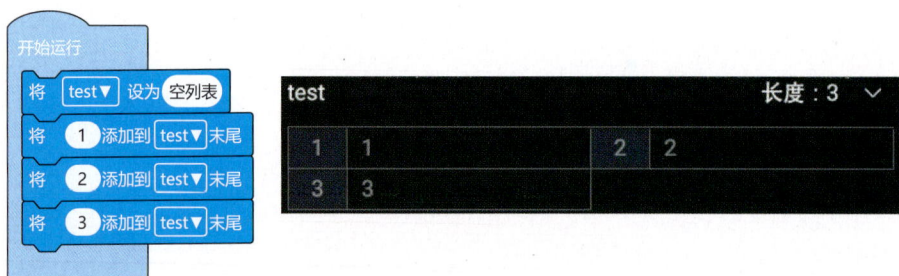

图 5-22　未删除第 2 位的列表

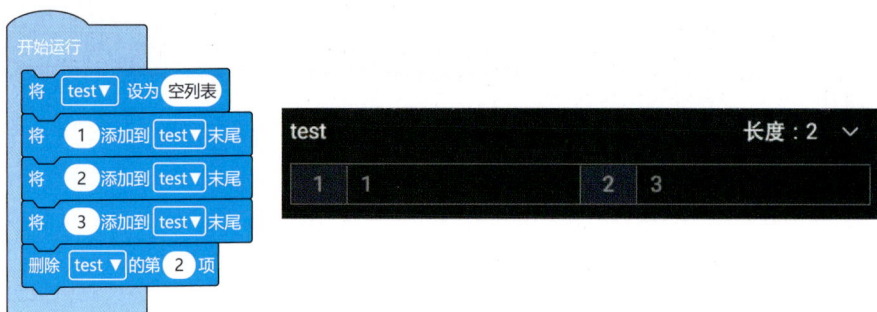

图 5-23　删除第 2 位后的列表

5.4.4　让EP机器人识别视觉标签，并完成瞄准射击任务

要完成瞄准射击任务，我们先要学习一个简单的用于瞄准视觉标签的模块"识别到……并瞄准"，使用这个模块，选定需要瞄准的视觉标签，机器人便会自动在视野中寻找和识别对应标签的物体，并控制云台瞄准该物体进行射击。需要注意的是，这个模块是一个阻塞型模块，也就是说当机器人完成了瞄准的步骤后，才会执行下一步，但如果视野中不存在该视觉标签对应的物体，机器人便会直接跳过瞄准，执行下一步。当然，如果觉得直接跳过瞄准过于草率，也可以加一个超时的判定，如果超过一定时间没有识别到目标物体，才跳过这一步。还要注意的是，如果我们使用该模块，需先在前面使用"开启视觉标签识别"模块，打开识别视觉标签的功能。简单的瞄准模块，如图5-24所示。

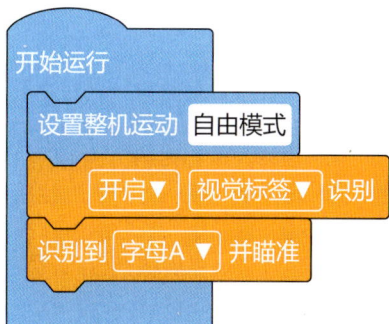

图5-24　简单的瞄准模块

📍 任务探究

如何实现定点打击？尝试在模拟器的基础训练场中找到四个视觉标签，驾驶机器人停在可以一览四个标签的地方，依次识别并瞄准射击四个视觉标签。

✂ 课后拓展

结合视觉标签的识别原理，测试当距离达到多远时无法识别视觉标签。

5.5 线识别

学习目标

1. 了解线识别的基础原理。
2. 掌握像素坐标系。
3. 掌握 EP 机器人线识别的数据格式。

情景导入

随着汽车产业的发展，自动驾驶成为汽车技术的发展方向之一。汽车自动驾驶技术发展的第一步是识别道路，但道路是复杂的，道路识别不可能一蹴而就，因此工程师们想出了一个初步的方法：在地上贴一条线，让车辆跟随着线前进，这样做可以降低实现的难度。让我们通过了解线识别而快步跑进自动驾驶的世界吧！

5.5.1 线识别的基础原理

所谓线识别，顾名思义就是识别线条。目前最有代表性的应用场景，便是在自动驾驶领域，让汽车识别车道，并按照车道进行移动。线识别其实是有多种方案的，我们在这里认识两种常见的方案。其中一种方案是利用红外传感器进行线识别：首先，贴一条黑线在地上作为引导线条，之所以是黑线，是因为白底反射红外光，黑底吸收红外光，红外传感器吸收不到黑线反射回来的红外光，就能识别到线条。这种方案通常是在车底装三个红外传感器，红外传感器分别位于车底的前、左、右三个方位，当左边的红外传感器检测到线条，证明引导线在前方已经拐弯，所以此时应该左转，右转也是同理。当然这种方案可能转着转着就找不到黑线了，实际的性能高低主要还是跟传感器的安装位置正确与否以及算法的优劣有关。

另外一种方案是采用视觉传感器与视觉算法。所谓视觉传感器，其实就是摄像头的别称。摄像头通过拍摄前方道路的画面，采用视觉算法将图中的车道检测出来，并以相关的数据格式表示线条在图中的位置，最后根据这些位置信息得出汽车该直行还是转弯的决策。

那么在视觉方案下，视觉算法是如何检测线条的呢？首先，我们要了解一下图像的构成。图像是由许许多多的像素构成的，而每个像素都代表一种颜色。在计算机中，三原色为红（red）、绿（green）、蓝（blue），其他颜色由这三种颜色按照不同比例混合而成，这便是 RGB 模型。那么计算机中如何表示这三种颜色的比例呢？原来计算机使用了三个数字来表示比例，这三个数字的范围都是 0~255，越靠近 0 说明该颜色的比例越低，越靠近 255 说明该颜色的比例越高。因此一张彩色图可以看成是三张长、宽、像素一致的图片叠在一起，三张图片中的像素格子分别存储红、绿、蓝三种颜色，所以也说彩色图是有三个通道的，如图 5-25 所示。如果把三张图片中的其中一张抽出来，那会是一张黑白图，因为只有一个数字的话只能表示黑、白、灰三种颜色，数字越靠近 255 越白，越靠近 0 越黑，中间的数字代表不同程度的灰，所以我们称呼这种单通道图像为灰度图。而之前我们提到的二值化后得到的二值图，只有黑白两种颜色，无灰色。

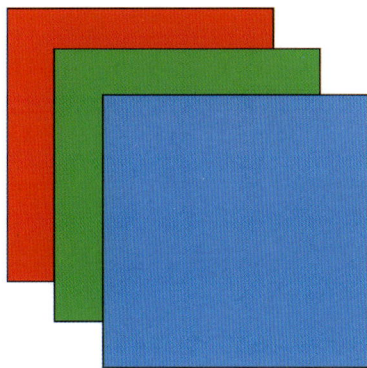

图 5-25　彩色图由三通道组成

其次，我们继续来了解视觉算法如何识别线条。视觉识别程序会先通过 Canny 边缘检测算法将图像里的边缘全部都检测出来，并以二值图的方式展示。我们无须知道这个算法背后的原理是什么，我们只需要知道这个算法会检测出大部分的边缘，并以白色绘制出来，其他背景则全部设为黑色，如图 5-26 所示。因为二值图只有两种颜色，所以非常方便后续算法的计算处理。

最后，我们将使用霍夫变换，这是一种用来辨别、找出物件特征的算法，比如算出这个图形是直线还是圆形等。使用霍夫变换后，我们就能算出哪些是线条，并且排除不是线条的全部物体，这样我们就完成了线识别。

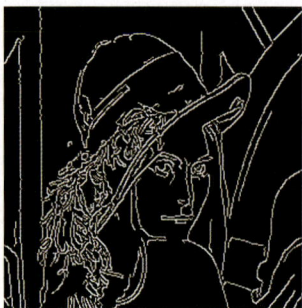

图 5-26　Canny 边缘检测算法结果

5.5.2　像素坐标系

　　为了更好地表述识别到的线条在图中的位置与形态，我们有必要引入像素坐标系的概念。众所周知，一张图片是由许许多多的像素点组成的，每个像素点就像一个格子，我们可以在格子上涂上颜色，当格子足够多时，这幅图就有丰富的细节。换句话说，像素越多，这幅图就越清晰。而如果我们以图像的左上角为坐标系的原点，沿着图像向右为 x 轴的正方向，沿着图像向下为 y 轴的正方向，以一个像素为步长，就形成了像素坐标。第 5 行第 7 列的像素的坐标可以用（7，5）来描述。值得注意的是，像素坐标系以一个像素为步长，所以其数值不可能出现小数。另外，坐标系以横向为 x 轴，纵向为 y 轴，因此第 5 行第 7 列的表示方式为（7，5），而不是（5，7）。

　　上述的像素坐标系是一般情况，EP 机器人的像素坐标系有些许区别，如图 5-27 所示。比如，图像最左边的 x 坐标为 0，最右边的 x 坐标为 1，最上边的 y 坐标为 0，最下边的 y 坐标为 1。那么中间的坐标怎么表示呢？我们举例来说明，假设一张图像宽 600 像素，高 300 像素，那么（400，120）的像素就要表示为（400/600，120/300），也就是（0.667，0.400）。这便是 EP 机器人的像素坐标系与一般像素坐标系最大的不同，它使用占比来确定位置。

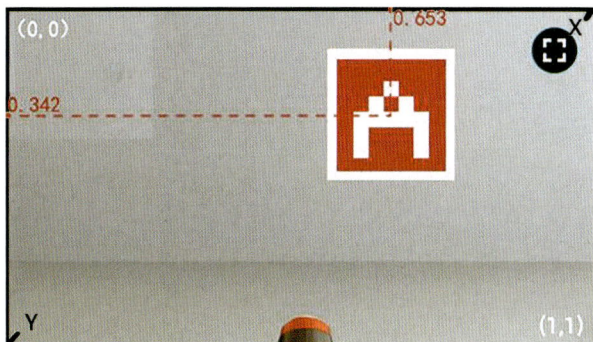

图 5-27　EP 机器人的像素坐标系

5.5.3　让 EP 机器人实现线识别

下面我们将介绍 EP 机器人如何实现线识别。线识别的所有功能已经封装成若干个模块，我们不需要详细了解背后的算法，只需要简单地把这些"积木"按照要求拼接在一起，就能实现对应的功能。第一步，我们需要"开启线识别"模块（如图 5-28 所示），并设置线识别颜色，这样操作后 EP 机器人便开始不断进行线识别了。程序运行后，我们能在编程界面的右边看到线条处出现了 10 个小框（如图 5-29 所示），每个小框代表的是线上的点，且线条是沿着这 10 个框延伸的。

图 5-28　"开启线识别"模块

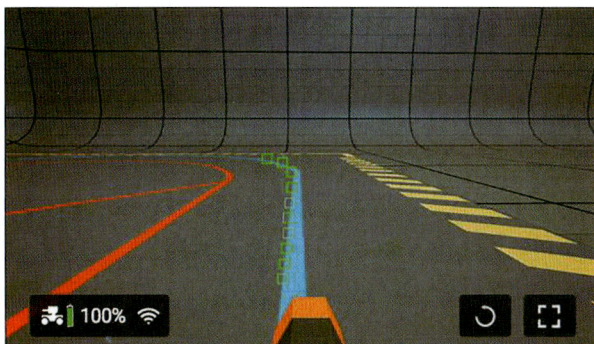

图 5-29　10 个小框

为了获得线识别的数据，我们需要先创建一个列表，然后将"识别到的单线信息"放到列表里，如图 5-30 所示。这样便完成了机器人的线识别以及获取了线识别的数据。

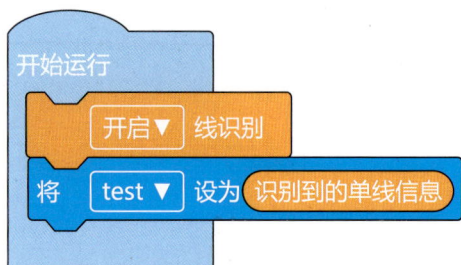

图 5-30　收集线识别数据

当然，在"智能"菜单里，不只有"识别到的单线信息"，还有"识别到的多线信息"模块，那么两者有何不同呢？由于图像中可能会有多条线相互交错连接的情况，如果获取的是单线信息，EP 机器人就会把这些线都当成一条线，而多线信息则会把这些线当成多条线。

那么具体的线条信息是什么格式的呢？下面我们来了解单线信息的数据格式，而多线信息的数据格式将放在下一章来学习。

5.5.4　EP 机器人线识别的数据格式

单线信息的数据是用列表来进行存储的。在之前的章节中，我们已经学习了什么是列表，以及如何使用列表。线识别获得的数据有很多个，如果用很多变量来存储，我们需要为每个变量都命名，这样做未免过于烦琐，又因为这些数据都与线识别相关，所以我们使用列表来存储这些数据。

当我们创建了列表，并把"识别到的单线信息"设为这个列表的值后，我们就获取了线识别的数据。那么此时，列表的第 1 个数据是识别到的线上的点的数量，这个值一般为 10。如果检测到线条，这个值都是 10；而没检测到线条时，这个值则为 0。第 2 个数据是线的形状信息。如果视野里没有线条，那么这个值为 0；如果检测出来是一条线，那么这个值为 1；如果检测出来是一个 Y 形分岔路，则这个值为 2；如果检测出来是一个十字路，那么这个值为 3，如图 5-31 所示。

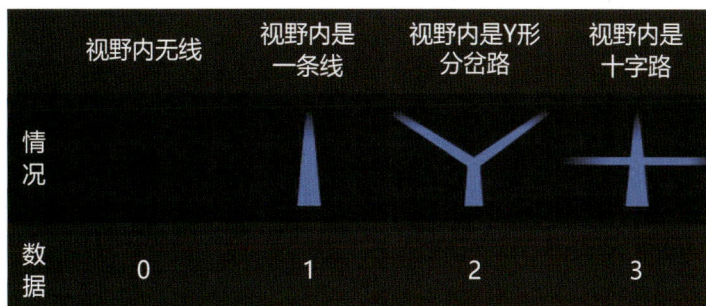

图 5-31　第 2 个数据的含义

后面每 4 个数据为 1 组，有多少个点就有多少组数据，换句话说，每 1 组数据都是对 1 个点的描述。正常情况下，你会检测出 10 个点，列表第 1 位的数字是 10，第 2 位的数字用来描述线的形状，而后面紧随着 10 组数据，每组数据有 4 个数，所以这个列表的长度为 42（2+4×10）个数。当没有检测到视野中的引导线时，那么这个列表的长度为 2，且其中的两个值都为 0。

接着，我们来学习描述点的 4 个数值具体是什么（见图 5-32）。前两个数值是这个点在像素坐标系下的坐标，第 1 个值是横坐标，第 2 个值是纵坐标。第 3 个值是切线角（见图 5-33）的大小。所谓切线角，就是指这个点所在位置的切线与竖直方向的夹角。切线与竖线会相交于一个点，就这个交点上方的夹角而言，如果切线在竖线的右边，那么这个切线角为正数，且这个角越大，数值越大；如果切线在竖线左边，那么这个切线角为负数，且角度越大，负数绝对值越大。当切线与竖线平行时，说明了此时的切线角为 0°。切线角这个数的绝对值越大，说明曲线在这里越弯曲。第 4 个值也是描述曲线的弯曲程度，它的名字叫曲率（见图 5-34），取值范围为 0～10，数值越大说明弧度越大。

图 5-32　单线信息的数据格式

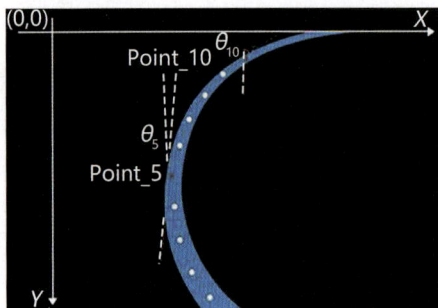

图 5-33　切线角

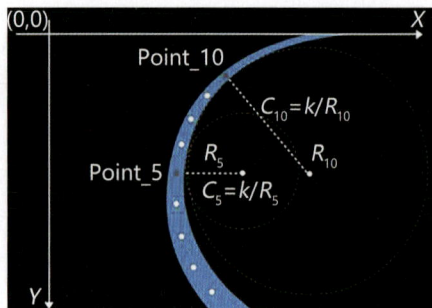

图 5-34　曲率

虽然我们已经知道了每个点的 4 个数据的具体含义，但我们还不知道这 10 个点的数据顺序，因此我们也不知道最上方的点由第几组数据描述。EP 机器人中以纵坐标对这些数据进行排序：点的纵坐标越小，这个点的数据越靠后；而纵坐标越大，这个点的数据越靠前。换句话说，越靠近图像下方的点，也就是距离机器人越近的点，它的数据就排在越前面。假如现在有两个点，它们的数据在前两组内，点 a 的纵坐标为 0.79，点 b 的纵坐标为 0.69，说明点 a 相较点 b 更靠近图像的下方，所以第 1 组数据为点 a 的数据，也就是在列表中的第 3 位到第 6 位，而点 b 的数据则在列表中的第 7 位到第 10 位。点的顺序如图 5-35 所示。

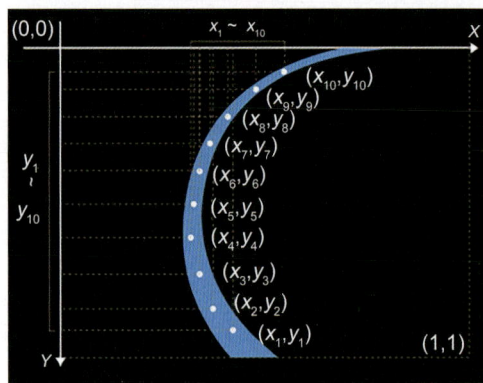

图 5-35　点的顺序

了解上述内容后，我们再来进行一个小测试，下面请你说说第 5 个点的切线角数据在列表中的第几位？建议先自己想想，然后再看下面的分析。

分析：首先，开头的两个位置说明的是点数和线的类型，切线角在每组的第 3 位，因此我们可以得出，第 5 个点的切线角在列表的第 21（2+4×4+3）位。

任务探究

让 EP 机器人进行线识别，并查看其展示出来的数据。分析不同类型的线得到的线识别数据有什么异同。

课后拓展

EP 机器人是否会将其他物体识别为线，如视觉标签？如果会，如何判断当前数据的来源是误识别的物体还是线？

5.6 行人/机器人识别

学习目标

1. 了解图像识别的基础原理。
2. 掌握让 EP 机器人识别行人/机器人的方法。
3. 掌握 EP 机器人识别到的行人/机器人的数据格式。

情景导入

汽车自动驾驶技术发展的第二步是识别并规避障碍。最常见的障碍是行人，其次是其他的车辆。要如何识别这些复杂的障碍呢？使用之前视觉标签识别与线识别的方法似乎很难达到好的效果。这时要用到图像识别技术。

5.6.1 图像识别的基础原理

在上述章节中，部分内容涉及图像识别的相关知识，那么在这一节中，我们会将所有图像识别的知识串联起来，系统地学习如何使用深度学习进行图像识别。

首先，我们要知道，图像识别是有多种细分任务的，可以分为目标分类、目标识别、语义分割。所谓目标分类，就是输入一张图片进入模型，模型就会识别出图片里的物体属于哪一个分类。当然，这些分类是预先设定的，比如一个模型只能区分猫和狗，所以它的答案只有猫和狗，而不会出现老鼠。而目标识别就是在目标分类的基础上又多了个定位任务，也就是说，模型不只要识别出图像里的物体属于哪个分类，还要用框在图中标示出这个物体（如图 5-36 所示）。目标识别同时还能解决当一个图像里有多个目标时，目标分类只能体现目标种类而不能体现目标数目的问题。语义分割则比目标识别更具有细节，它要求我们的模型不能笼统地用一个框在图中框住目标，而要能描出物体的外形。

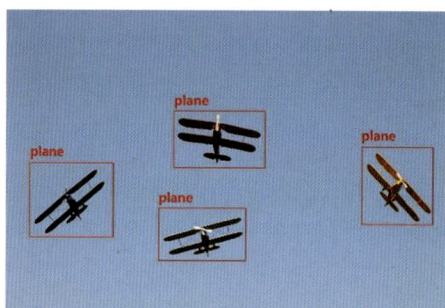

图 5-36　目标识别

　　尽管随着学习的深入，任务难度上升，但有些任务的部分原理是相通的，我们就以目标分类网络与目标识别网络的异同为例。我们在 5.2.2 中已经认识了卷积神经网络，它能提取网络的高维特征。正因为这个特性，卷积神经网络是图像识别最常用的工具之一。用卷积神经网络来识别图像最早可以追溯到一个叫 LeNet 的网络，其结构如图 5-37 所示。LeNet 网络是一个识别手写数字的网络，也就是输入一张图，图上是手写的数字，LeNet 网络就会识别出图上的数字是多少。LeNet 网络的原理就是在网络前面把多个卷积层堆叠在一起，用来提取图像的特征，然后把这些特征输入后面的几个全连接层（可以理解为这是在处理前面得到的高维特征），网络的最后一层有 10 个神经元，它最后会输出 10 个数，分别代表 0、1、2、3、4、5、6、7、8、9 的得分，得分最高的数字即为此次识别的结果。从整体来说，使用前面卷积层和后面两到三个全连接层的模式，其实就是先进行特征提取，然后根据特征输出每个分类的分数，最后根据分数大小判断分类。这便是初期目标分类网络的原理。

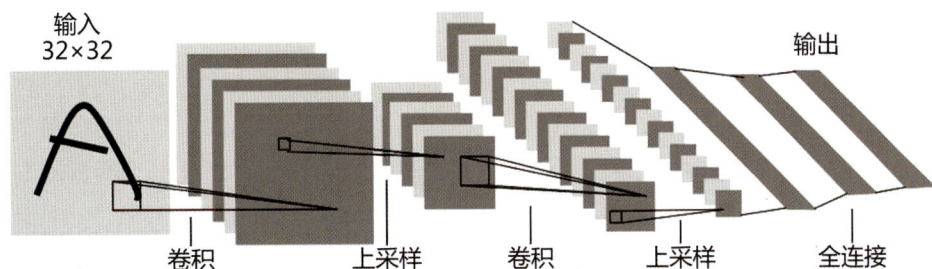

图 5-37　LeNet 网络结构示意图

那么目标识别网络的原理是什么呢？在前期，技术原理还比较简单，比较流行的办法是先使用一个算法计算出图中可能存在物体的区域，再把这些区域从图中"抠"出来，放到目标识别网络中进行识别，这样我们就有了定位与分类。由于这个方法有两步（获得建议区域和进行分类），所以大家也称呼其为两阶段检测器。但这样的方法显然存在问题。首先，这个获得位置的算法不一定靠谱。其次，如果图中有很多目标，那识别的时间岂不是大大增加且不稳定了吗？于是这种方案很快被新的方法——单阶段检测器取代了。单阶段检测器的优势就在于不需要两步，它的网络是一个整体，不需要额外先使用一个算法搜寻可能存在物体的区域。单阶段检测器实际是把一张图分成若干个小格子，每个小格子负责检测它周围的物体是什么。每个小格子上都预设了 3 个左右的框（它们的初始尺寸是确定的），然后把与目标长宽最相近的那个框拟合成目标框。也许这有些难理解，但是没关系，下面的内容才是我们需要学习的重点。

无论是单阶段检测器还是两阶段检测器，其实它们的网络结构也都和目标分类网络很相似。两阶段检测器的分类阶段，基本就是目标分类的内容，因此它们的网络是高度相似的。而单阶段检测器一般是"前面卷积层堆叠+中间特征融合+最后输出结果"的模式。它前面的卷积层堆叠提取特征的方法和目标分类提取特征的方法是一样的，这种方法叫作"主干网络"。一般来说，很多学者在改进目标识别网络时，首先会选取一个主干网络，那么去哪里选取呢？很简单，找一个目标分类网络，然后去掉后面的全连接层，便得到了主干网络。所以我们不难知道，主干网络就是起到提取特征的作用，主干网络的好坏对结果的影响还是很大的。假设我们的主干网络有 10 层，我们从第 2 层抽出结果 a，从第 10 层抽出结果 b，我们会发现，a 包含的特征是比较低级的，是流于表面的特征，而 b 包含的特征是比较高级的。举个例子，一张图上有一只猫，结果 a 包含的特征可能与猫的外形、颜色等表面特征有关系，而结果 b 可能与猫毛的纹理有关。在检测时，只有结果 a 或者只有结果 b 都是不够的，会导致我们忽略细节和整体中的一种，所以我们需要把它们结合在一起，这样我们的检测器就有了好的性能，这便是中间特征融合需要做的，我们一般称呼这部分为"检测腰"。最后便是将混合处理的特征进行一定的计算并输出结果。

说了这么多，相信大家对图像识别的原理和方法已经有了一定的了解，下面我们将使 EP 机器人实现对行人/机器人的识别。

5.6.2 让 EP 机器人识别行人/机器人

让 EP 机器人识别行人/机器人是比较简单的，因为大疆教育平台已经把模型训练好，且封装成模块了，我们只需要像声音识别与手势识别那样，添加"开启行人/机器人识别"模块便能打开这个功能，然后使用"当识别到行人/机器人"模块来添加检测到目标后该触发的动作，如图 5-38 所示。

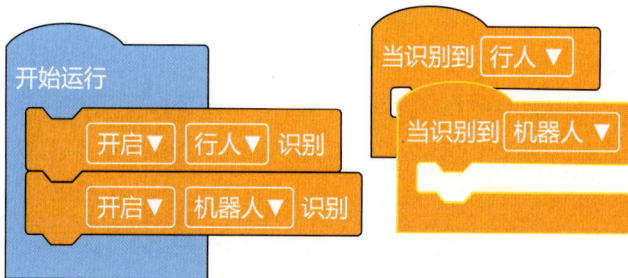

图 5-38　EP 机器人识别行人/机器人的模块

5.6.3 EP 机器人识别到的行人/机器人的数据格式

我们使用"当识别到行人/机器人"模块并把数据加到列表中后，便得到了模型反馈的行人/机器人数据。数据的格式很简单，首先列表第 1 位表明识别到了多少个行人/机器人，而后面的数据以每 4 位为 1 组，说明了每个行人/机器人在图中的位置与宽、高信息。我们可以想象有一个目标框已经框住了目标，每组数据里第 1 位描述了目标中心点（目标框中心点）在图中的横坐标，第 2 位描述了目标中心点（目标框中心点）在图中的纵坐标，而第 3 位描述了目标框的宽度，第 4 位描述了目标框的高度。

图 5-39　行人/机器人识别数据格式

任务探究

设计一个程序：当我方 EP 机器人识别到其他机器人时，亮起绿灯，如果没识别到，则亮起红灯。

课后拓展

对比识别到的线、行人/机器人的数据格式有什么异同。

第6章
标签跟随与巡线

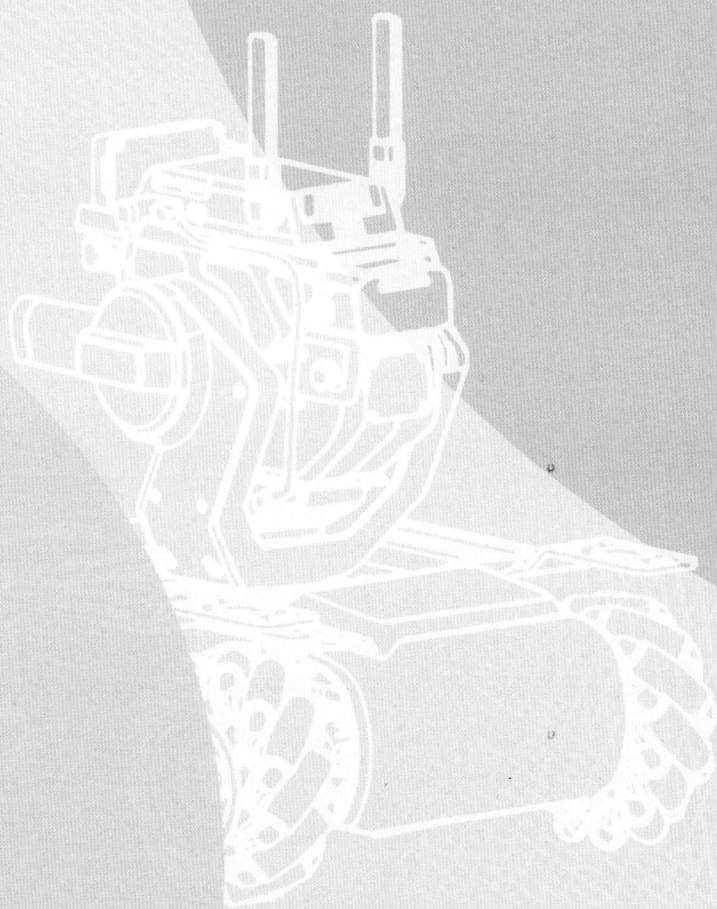

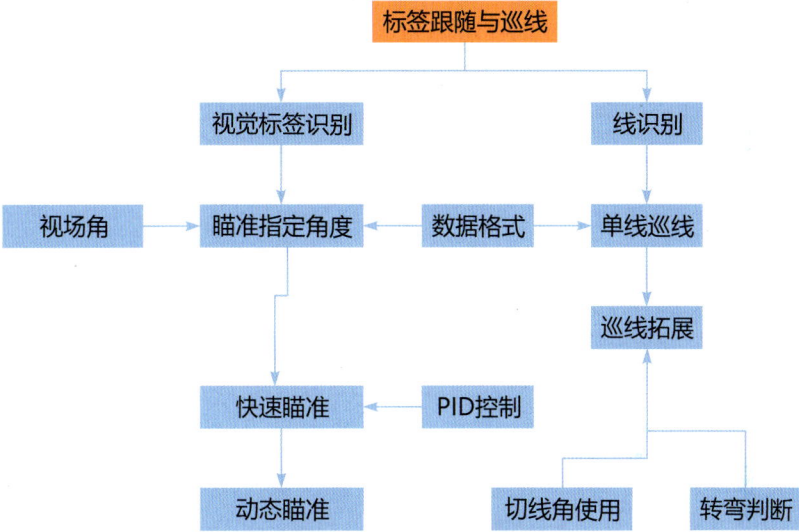

图 6-1　第 6 章知识树

6.1　视觉标签识别并瞄准

1. 掌握 EP 机器人识别到的视觉标签信息的数据格式。
2. 掌握如何使用坐标信息进行瞄准。

📖 情景导入

在 5.4.4 中我们学习了使用"识别到……并瞄准"模块简单地进行瞄准，但这个方法无法调整瞄准的速度，也无法提高瞄准的精度。我们可以通过利用识别到的视觉标签信息，自行编程实现这样的功能。在本小节，我们将深入地研究识别到的视觉标签信息。

6.1.1　视觉标签的数据格式

在第 5 章，我们已经学习了视觉标签的识别原理，也知道了使用视觉标签识别，可以获得视觉标签在图中的位置坐标以及标签的长、宽信息。如果我们需要实现更细致、可操作性更高的瞄准，就需要利用这些信息。

我们先来认识一下视觉标签的数据格式。就像上一章提到的数据格式一样，视觉标签的数据也是以列表的方式存储。列表的第 1 位存储的是图中被识别到的视觉标签的总数。列表后面以 5 位数值一组，总共有 N 组，N 的值就是视觉标签的总数，也就是列表第 1 位的值。

每一组共有 5 位数值，分别是 ID、X、Y、W、H，如图 6-2 所示。ID 指视觉标签的身份信息，在之前章节的学习中，我们已经知道视觉标签的图案都是不一样的，而不同的图案都有自己独一无二的身份信息。X 和 Y 是指视觉标签的中心点在像素坐标系上的坐标。而 W 和 H 是指视觉标签在图中的宽度和高度。需要特别强调的是，这里的宽度和高度是指图片的宽度和高度，是用多少像素来衡量的。视觉标签在真实世界的宽度与高度是已经确定的，我们可以根据这两者之间的关系，粗略计算得到机器人与视觉标签之间的距离。

图6-2 视觉标签存储格式

考考大家，视觉标签列表里第32位指的是什么？第1位是视觉标签的总数，先把其去掉，得到31，然后用31除以5，得6余1。因此第32位指的是第7个标签的第1位，其含义是身份信息。

6.1.2 用坐标信息近似地计算云台角度

要让EP机器人瞄准目标，我们首先要知道EP机器人指向目标时的云台角度。而云台角度可由视觉标签的数据转化而来。

相机是有视场角的。所谓视场角，是指相机所能看到的视野范围，也就是图像边缘在真实世界中与相机连线的夹角。EP机器人的水平视场角为96°，竖直视场角为54°，如图6-3所示。

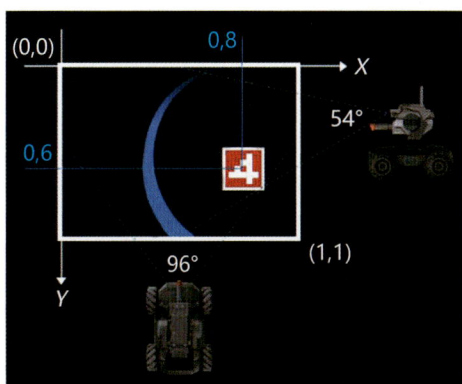

图6-3 EP机器人的视场角

如图6-4所示，EP机器人的发射器正对着图像的中心点，也就是像素坐标系下的（0.5，0.5）。假如要让其对准图像上的一个视觉标签，该标签中心点的像素坐标为（0.8，0.6），那么我们的云台该如何旋转呢？

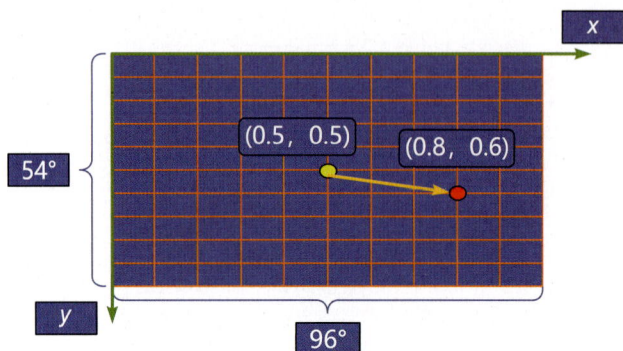

图 6-4　云台旋转实例

　　我们可以计算得到标签中心点与图像中心点在 x 轴上的差值为 0.3（0.8-0.5），而在 y 轴上的差值为 0.1（0.6-0.5）。也就是说，x 轴差值占据了宽的 0.3，y 轴差值占据了高的 0.1。我们可以使用这个比例乘以视场角，近似地获得云台需要转的角度。在这个例子中，云台航向轴需要旋转 28.8°（0.3×96°=28.8°），俯仰轴需要旋转 5.4°（0.1×54°=5.4°）。具体例子可参考图 6-4。

　　总而言之，我们可以用两物体在图像中的水平占比与竖直占比，来近似地求其在视场角中的占比，从而得到公式：**角度＝占比×视场角**。当然，这种近似的公式是有些许误差的，只有在不需要精准瞄准目标时才使用。

6.1.3　使用坐标信息进行瞄准

　　知道了如何使用坐标信息近似地计算云台角度后，我们还要学习如何利用坐标信息进行瞄准。首先，我们通过使用"角度＝占比×视场角"这个公式，已经得到了云台从目前位置转动到对准目标所需的角度。因此我们可以使用"控制云台旋转到航向轴……度 俯仰轴……度"模块。在这个模块中，填入正数，可以让云台绕轴顺时针旋转，反之则为逆时针旋转。对于航向轴，填入正数可以让云台向右摇头，填入负数向左摇头；对于俯仰轴，填入正数可以让云台向上，填入负数向下。值得注意的是，这个模块控制的角度为绝对角度，瞄准后需要回中。

　　当一个物体在图像中心点右侧，我们的云台便需要绕着航向轴顺时针旋转，也就是需要填入一个正数；如果物体在左侧，我们则需要填入负数。因此我们可以在模块的航向轴旋转度数处填入"96＊（x-0.5）"。当物体在中心点右边时，x 必然大于 0.5，这个式子算出来的数为正数；当物体在中心点左边时，x 必然小于 0.5，这个式子算出来的数为负数。

当一个物体在图像中心点上方时，我们的云台需要绕着俯仰轴顺时针旋转，但此时物体的纵坐标 y 小于 0.5。因此我们需要将式子设为"54 * (0.5 - y)"，这样才能符合旋转的规律。

总结上述的内容，如果我们想要使用坐标信息进行瞄准，我们可以使用如图 6-5 所示的模块。

控制云台旋转到航向轴 96 * x - 0.5 度 俯仰轴 54 * 0.5 - y 度

图 6-5　利用坐标信息进行瞄准的模块

任务探究

设计程序识别 1 个视觉标签并瞄准击打（不允许使用"识别到……并瞄准"模块）。

课后拓展

设计程序，识别 5 个视觉标签，依次进行瞄准击打（不允许使用"识别到……并瞄准"模块）。

6.2　动态跟随

学习目标

1. 掌握动态跟随的方法。
2. 掌握使用 P 控制跟随的方法。
3. 了解使用 PID 控制优化跟随效果。
4. 掌握判断误差小于一定值时射击的方法。

情景导入

很多时候，EP 机器人要击打的目标不是静止不动的，而是运动的，因此为了让 EP 机器人跟上它们的步伐，我们要掌握动态跟随的技能，让目标无处可逃。

6.2.1 简单的视觉跟随

所谓视觉跟随，即 EP 机器人的发射器要时刻对着目标。换个角度思考，其实就是使目标一直靠近图像中心点。

根据这个思路，我们可以写一个简单的视觉跟随程序。当 EP 机器人检测到目标不处于图像中心点时，便朝目标的方向移动一小步，具体的程序如图 6-6 所示。

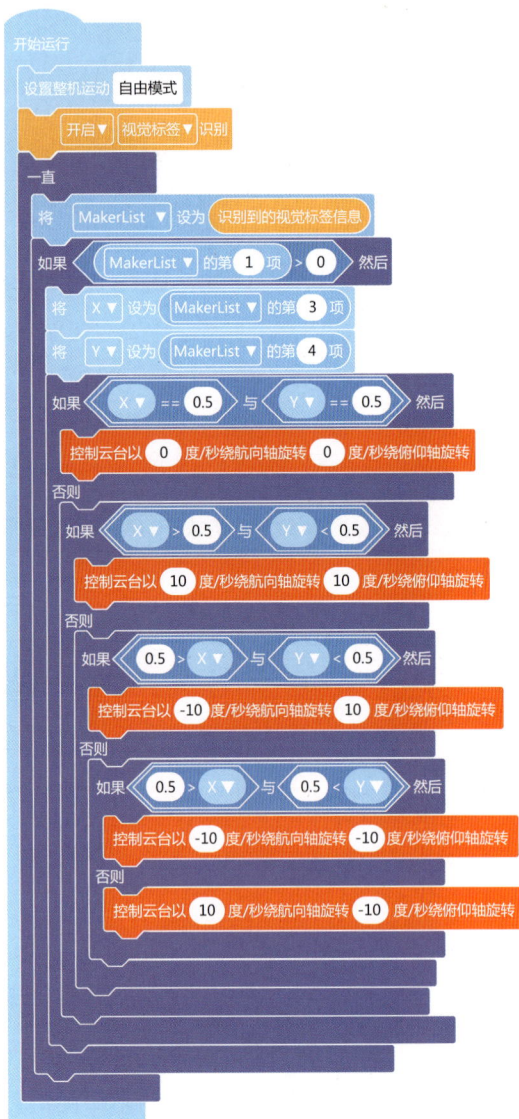

图 6-6　简单的视觉跟随程序

但当程序运行后，我们会发现问题所在。如果 EP 机器人每次移动的步伐太大，那么枪口就不能稳定地对准目标，反而会在目标周围来回震荡。但如果将步伐调小，枪口靠近目标的速度则非常慢。更局限的是，当目标运动速度较快或者存在来回运动的情况，枪口似乎就跟不上这种剧烈的变化了。那么有没有一种方法，可以让枪口根据距离的远近改变跟随速度的快慢呢？即当枪口离目标很远时，以较快的速度跟上；当枪口离目标很近时，则以慢一点的速度逼近。

我们可以从第 4 章反馈的知识来理解，使 EP 机器人每移动一步，都检测自己与目标之间的距离并做出反馈。

6.2.2　P 控制跟随

为了实现根据距离改变速度的功能，我们要学习 P 控制的知识。P 控制的公式为：**输出 = K_p × 误差**。在上述例子中，输出指要设定的速度，而误差是指枪口与目标之间的距离，K_p 是我们自己设定的一个常数。这个公式很好理解，我们需要枪口指向目标，当枪口指着目标时，误差为 0；如果枪口与目标之间还有一定距离，我们就认为存在误差，且离得越远误差越大。K_p 为常数，也就是输出与误差成正比，因此误差越大，输出就越大，正好对应了距离越远速度越快的需求。

K_p 这个数是需要自己设定的，在实际使用时，我们通过观察不断微调这个参数。一般来说，这个参数越大，枪口的反应速度越快，也就越快靠近目标，但会出现震荡现象，也就是在目标附近不断摇头，直到停下。这很好理解，就像开车速度越快，就越难刹车停下。而这个参数越小，相应速度会越慢，但是能保持稳定，就像以走路的速度开车，大家都能很好地控制车辆，但以赛车的速度行驶，就很难刹住车了。

用同样的例子，我们还可以回顾第四章中学习的闭环控制与开环控制。枪口在目标附近震荡，说明对枪口的控制是一个闭环控制，因为我们计算了枪口与目标点的距离，并且不到达目标位置不罢休。而如果是开环控制且速度很快，那么枪口超过目标点后便不会回头，这样也无法打中目标。这也是建议大家使用闭环控制而非开环控制的原因之一。

P 控制的云台写法以及完整的 P 控制程序如图 6-7、图 6-8 所示：

图 6-7　P 控制的云台写法

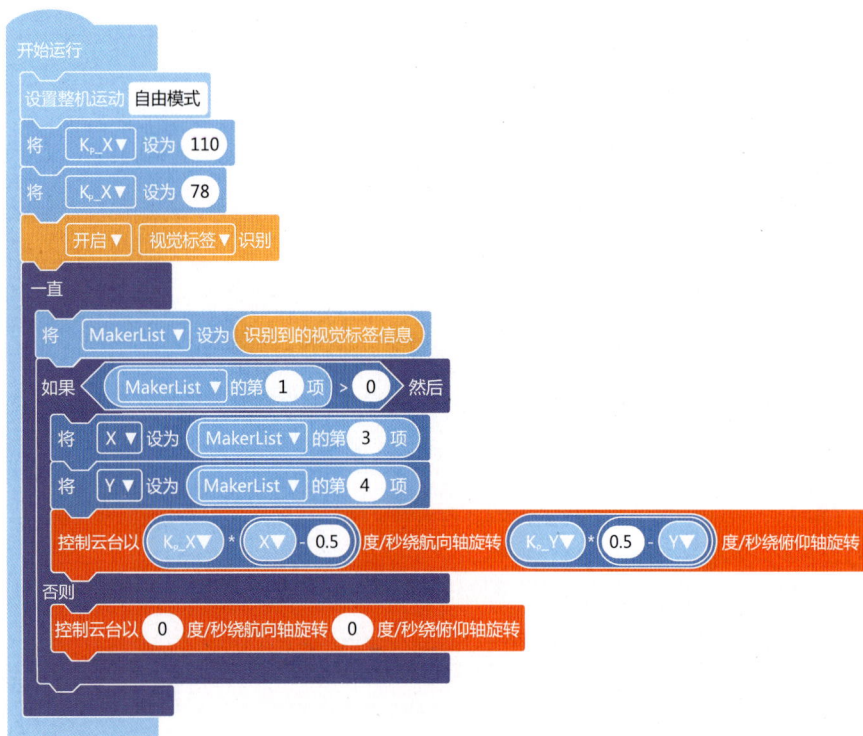

图 6-8　完整的 P 控制程序

6.2.3　PID 控制优化跟随

根据上面的学习，我们可以使用 P 控制实现很好的视觉跟随效果了。但如果用上述方法让 EP 机器人跟随以一定速度匀速运动的目标，就会出现问题。

EP 机器人的枪口会快速地跟上目标，但在快接近目标时，枪口会慢下来。而此时目标因为保持匀速运动，所以它会逐步远离枪口，两者之间的距离又拉开了。枪口便会再次快速靠近目标，重复上述的过程，最终枪口与目标保持一个固定的距离，却永远无法追上目标。

为了解决这个问题，我们要引入 I 控制。它的公式为：**输出 = K_I×之前所有误差之和**。因此，**PI 控制的整体输出 = P 控制输出 + I 控制输出 = K_p×误差 + K_I×之前所有误差之和**。

我们来理解一下这个公式。由于需要被跟随的目标存在一个恒定的移动速度，因此我们需要让枪口在瞄准目标时，也就是误差为 0 时，还保留一定的速度输出。

这在只有 P 控制时，是无法实现的，因为误差为 0，P 控制的速度输出也为 0，与我们的需求相悖。而我们引入 I 控制后，当误差为 0 时，之前所有误差之和便不会再增加，毕竟任何数加 0，其数值都不会变化，所以我们就有了一个恒定的不为 0 的速度输出。

值得注意的是，误差是有正负之分的。比如目标在枪口右边，误差为目标的 x 值减去枪口的 x 值，此时误差为正数；当枪口冲到目标右边时，此时误差为负数，之前所有误差之和会减少。所以误差之和虽然要累计之前的误差，这看起来容易越加越多，但最终其会稳定在一定范围内。

I 控制能提升 P 控制的响应速度，因为整体公式多了一项，速度输出也变大了。但如果不合理地调整参数，整个系统还是会变得不稳定。I 控制的写法如图 6-9 所示，PI 控制的组合写法如图 6-10 所示。

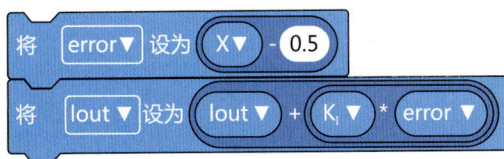

图 6-9　I 控制的写法

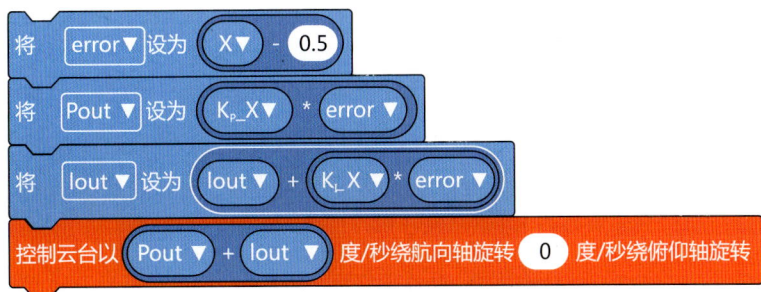

图 6-10　PI 控制的组合写法

通过上述的学习，我们知道 P 控制就像开车只根据与目标之间的距离控制油门。那有没有可能让它冷却一下，不让它太激进呢？这里就要引入 D 控制了，其公式为**输出 = $K_D \times$（本次误差 − 上次误差）**。

我们可以把本次误差减去上次误差的差值，理解为在两次计算之间枪口向目标移动的距离。由于误差在靠近目标时是越来越小的，所以 D 控制的输出为负值。将 P 控制与 D 控制结合，整体公式为：**输出 = K_P×误差 + K_D×（本次误差 − 上次误差）**。为了使这个公式更好理解，我们可以改成：**输出 = K_P×误差 − K_D×（上次误差 − 本次误差）**。

可以看到，D 控制其实就是根据两次运算之间运动速度的快慢来进行冷却。运动得越快，D 控制的输出值越大，需要减去的部分也就越多，因此就起到了冷却的作用。所以 D 控制能够抑制 P 控制的剧烈输出，但当然也会导致响应速度减慢。D 控制的写法如图 6-11 所示，PD 控制结合的写法如图 6-12 所示。

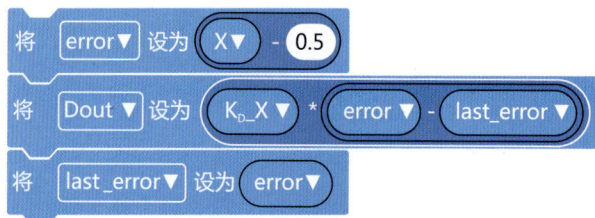

图 6-11　D 控制的写法

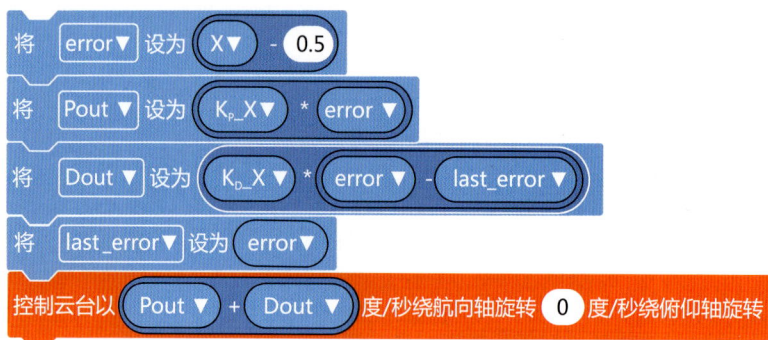

图 6-12　PD 控制结合的写法

为了获得不同控制的特性，我们可以把三个控制集合在一起，形成 PID 控制。通过合理调节三个参数，使运动更加丝滑流畅。在大疆教育平台的编程界面中点击数据结构，可以创建 PID 控制器，非常方便，图 6-13 为 PID 控制器的创建方法。

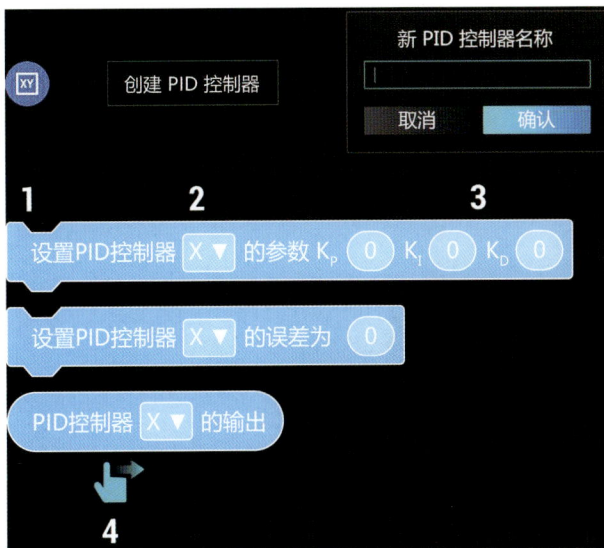

图 6-13　PID 控制器的创建方法

一般来说，在控制枪口实现跟随时，会先调节 K_P 参数，使枪口的运动大致确定，随后加入 K_D 参数的调节，实现较好的静态瞄准后，再加入 K_I 参数的调节，优化动态瞄准。

6.2.4　判断误差小于一定值时射击

枪口实现跟随瞄准一般是为了射击。我们要求枪口瞄准目标后进行射击，这使用编程语言来描述就是：当枪口与目标之间的误差小于一定值时，进行射击。值得注意的是，不需要等到误差为 0 时才射击，因为误差为 0 的条件过于苛刻，基本很难达到，因此我们设置为小于一定值时进行射击，既保证瞄准了物体，又不会因为判断条件太苛刻而导致无法射击。简单的射击判断程序如图 6-14 所示。

图 6-14　简单的射击判断

任务探究

设计一个程序，使用 PID 控制器对云台进行控制，让云台跟随运动的目标，并通过调节参数使跟随尽量准确、快速。

课后拓展

在本节任务探究设计的程序的基础上，加上底盘的左右移动，做到移动射击。

6.3 单线巡线

学习目标

1. 掌握多线识别的数据格式。
2. 掌握控制 EP 机器人巡线的方法。

情景导入

在第 5 章中，我们已经学习了如何进行线识别，现在我们要学习如何利用线识别的数据进行巡线，尝试做一个简单的自动驾驶程序。

6.3.1 单线识别数据格式回顾

我们已经学习过单线识别的数据格式了，为了方便后面的分析，在这里先回忆一下相关知识。

单线识别每次会识别 10 个依附在线条上的点，同时会把交错相连的线条识别成同一条线。而识别到的单线信息以列表的形式返回。

列表的第 1 项存储的是识别到的点的数量，非 0 即 10；第 2 项存储的是线的类型；之后每 4 位数据为一组。所以该列表的总数为 42 或 0。

4 位数据的顺序分别为点在像素坐标系下的横坐标与纵坐标，以及切线角与曲率。关于切线角与曲率的定义与详细介绍，可以回看 5.5.4 小节的内容。

6.3.2 多线识别数据格式解析

多线识别把识别到的线条认为是多条线条相交，而不认为它们同属一条线。识别到的多线信息同样以列表的形式返回。列表第 1 位描述的是总共有多少条线，这里的线指没有分叉的线，它可以是直线也可以是曲线。而每条线都会用 10 个点来拟合，每个点又用 4 位数据去描述，这 4 位数据和单线信息是一样的，都是横坐标、纵坐标、切线角、曲率。因此每条线都有 40 位数（4×10），假如识别到两条线，那么总共有 81（40×2+1）位数。而不同线的数据放在不同的地方，其顺序按顺时针排序。比如说识别到两条线，顺时针数第一条线的 40 位数分布在第 2 位到第 41 位，顺时针数第二条线的 40 位数分布在第 42 位到第 81 位，以此类推。

6.3.3 使用 EP 机器人进行巡线

掌握了线识别返回的数据的格式后，我们便要利用这些数据实现 EP 机器人的巡线了。

首先是如何沿着线直行。我们可以换个角度思考，巡线其实就是要让线识别得到的点在图像中间排成一列。也就是要让这些点的横坐标在 0.5 附近。

如果这些点不满足这个要求呢？那我们就转动云台，直到满足这个要求为止。在这个过程中，云台就已经自动对准线条的延伸方向了。同时，我们需要将机器人的模式设置为底盘跟随云台模式，当云台转动后底盘就可以跟上其运动。那是否可以设置为云台跟随底盘运动呢？实际上是可以的，只是程序写法上存在区别。因为相机是与云台固定相连的，转动云台的方案在逻辑上更容易理解，也更好实现。

其实在这个过程中，我们也顺便实现了 EP 机器人巡线转弯的功能了。因为如果线条在前方转弯了，EP 机器人想要重新满足要求，也要跟着转弯。

那么让线识别得到的点竖直排列在图像中间的程序该如何写呢？很简单，我们可以简化一下方法，只选取 10 个点中的 1 个点，让这个点的横坐标保持在 0.5 附近即可。由于这 10 个点都是沿着线条分布的，其中 1 个点在 0.5 附近，其余的点就基本是在 0.5 附近了。所以这个点的选择很重要，如果这个点的位置太远，EP 机器人可以提早感知到要转弯，可能会偏离线条；如果太近，EP 机器人可能就来不及转弯，但能够更贴合线条。因此，我们一般选取从下往上数第 4 个点。当然，可以根据实际情况，测试并选择更加合适的点。

详细的简单巡线程序如图 6-15 所示：

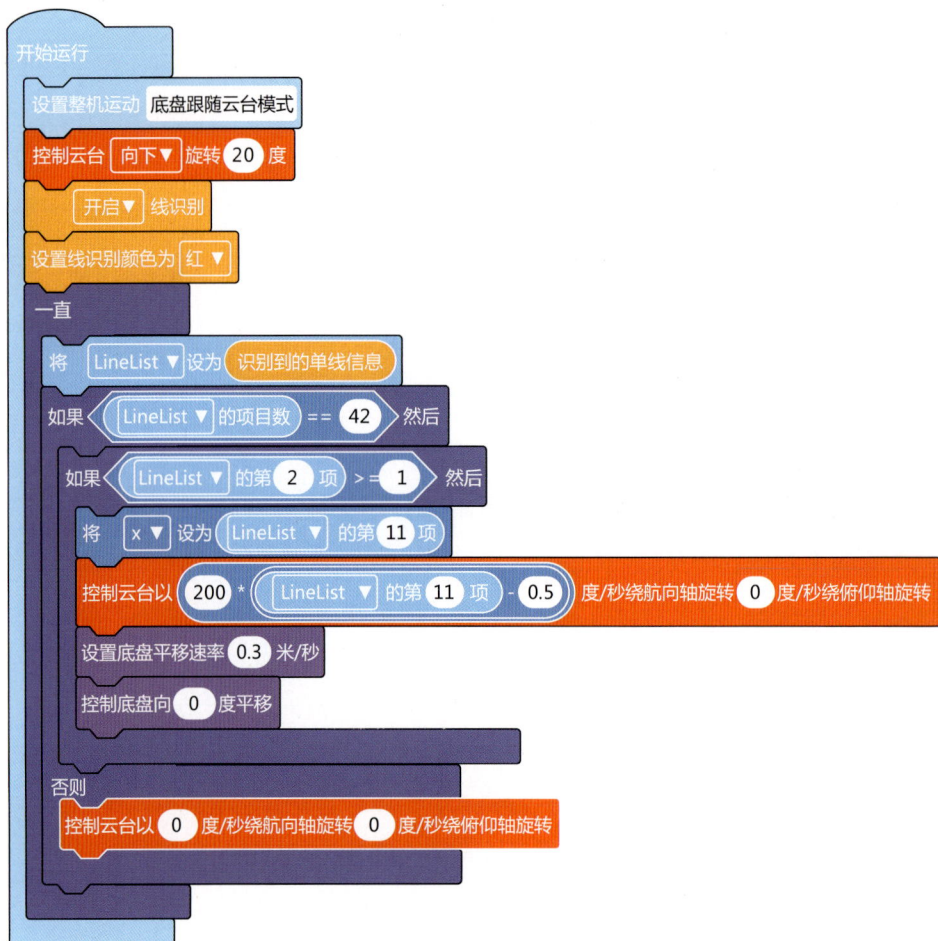

图 6-15　简单巡线程序

任务探究

用编程控制 EP 机器人实现特定的巡线（模拟器：环绕小镇）。

课后拓展

在上述程序的基础上尝试让机器人跑得尽可能快。

6.4　巡线的拓展

学习目标

1. 掌握多线巡线的方法。
2. 掌握一些巡线的提速策略。

情景导入

在上一节中，我们已经学习了如何让 EP 机器人进行简单巡线，但 EP 机器人走得非常慢，为了让它跑得更快且更有效率，我们有必要学习一些提速的策略了。

6.4.1　基础的拓展思路

为了防止 EP 机器人在巡线转弯时与地上的线渐行渐远，我们通常设置很小的速度，使机器人能够缓慢移动不至于超出巡线范围。但这样做也会带来问题，那就是限制了机器人在直道上的速度。我们可以使用分类讨论的思想来解决这个问题：在需要转弯时，让 EP 机器人进行减速，而在直道上，让 EP 机器人进行加速。

我们可以使用多种方法来满足这个要求，下面将介绍一种简单的方法。

6.4.2　10 点考察法

我们已经知道，当机器人行走在直道上，并沿着线前进时，线识别得到的点应该是以一条竖线的形式分布在画面的中央。因此，当我们检测到所有点的横坐标都在 0.5 附近时，我们就认为机器人已经能沿着直线行走了。而所有的点不在一条竖线上时，也就是 10 个点形成一条曲线时，说明前方需要拐弯了。

需要注意的是，即使机器人真的行走在一条直线上，我们此时将线识别得到的 10 个点连起来，会发现这是一条曲线。这是正常的现象，因为线条比较宽，而点比较窄，所以只要点在线条的范围内即可。因此，我们需要判断点是否在 0.5 的附近，这个"附近"的范围可以自定义，但不能写成点的横坐标等于 0.5，因为这种条件十分苛刻，基本不可能判定成功。

但是，这个范围不能定义得太大，不然机器人还未走成一条直线，就开始加速了，这样会导致机器人超出巡线范围。总的来说，如果这个范围写得太小，比较难判断成功；如果这个范围太大，则容易使机器人走歪。因此我们需要谨慎选择这个判定范围，比较常用的方法是调整参数—运行程序—观察结果—继续调整，不断重复这个步骤，直到找到合适的判定范围。

那么如何用程序实现上述原理呢？

用大疆教育平台的编程系统判断点在同一条竖线上的写法如图 6-16 所示。首先定义一个 i 变量，记录循环的次数，然后使用重复模块，当已经循环了 10 次，也就是 10 个点都进行了处理后，便跳出循环。每一次循环的最后都要将 i 加 1。我们可以使用绝对值模块，对误差进行处理，因为无论向哪里偏离，其实都是非竖线，而使用绝对值模块可以避免写两个判断。如果判断出误差很小，那么 $MiddleNum$ 变量加 1，循环结束后，可以查看 $MiddleNum$ 的值，便知道有多少点在竖线上了。因为每一帧的情况都会有变化，所以每次进入循环都得重置 i 和 $MiddleNum$ 的值。

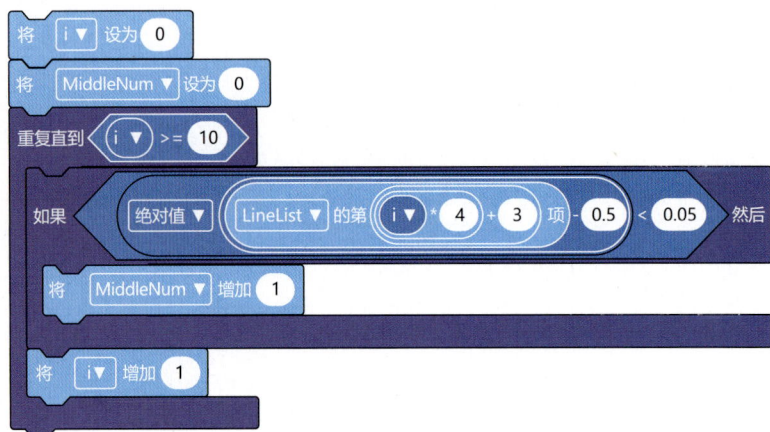

图 6-16　判断点在同一条竖线上的程序

当满足所有点在同一条竖线上时，说明 EP 机器人正在进入直线运动阶段，这个时候我们只需要提高底盘的平移速度即可；当不满足所有点在同一条竖线上时，说明 EP 机器人正在进入转弯阶段，需要降低底盘速度。

一般情况下，我们会调出这样一种效果：EP 机器人走到直道上后，检测到了此时道路为直线，于是开始加速，但轻微偏离了直线；此时检测道路不为直线，于是开始减速，云台进行调整，引导机器人回到直线上；此时检测为直线，因此又开始加速。如此往复，我们便可以看到 EP 机器人在直线上一会儿加速，一会儿减速，样子非常滑稽。虽然 EP 机器人的行动很笨拙，但是确实起到了加速的效果，如果我们想提高 EP 机器人加速的效率，我们可以为它调出一个好的参数，或者更换其他的检测算法。

6.4.3　其他判断弯道减速的方法

如果我们只想实现弯道减速，其实可以使用更简单的方法。

第一种方法只需要在 10 个点中选择一个点作为参考点。当参考点的横坐标大量偏移（我们可以设定一个阈值来定义其是否发生了大量偏移），底盘开始减速。这个参考点最好选择离 EP 机器人远一点的点，也就是纵坐标较小的点，因为 EP 机器人从检测到弯道，到完全减速，是需要一定的时间的。如果选择的参考点过近，EP 机器人则来不及响应，出现冲出巡线范围的问题。

第二种方法是使用切线角与曲率这两个数据。首先找一个参考点，读取其切线角或曲率数据（事实上使用哪一个点的数据都可以，我们可以根据自己的需要选择一个最合适的点），当读取到的数值很大，大到超出某个阈值时，则判定进入了弯道，随后可以控制 EP 机器人的底盘减速。

我们换个角度思考，只要不处于直线，那就是在弯道了，因此我们只需要写好直道加速的逻辑，相对来说，弯道便是减速了。

◉ 任务探究

编程控制 EP 机器人巡线，在直走时加速，在转弯时减速。

✂ 课后拓展

设计一个程序，让 EP 机器人能够选择正确的分岔路口。

第 7 章
机械臂和机械爪

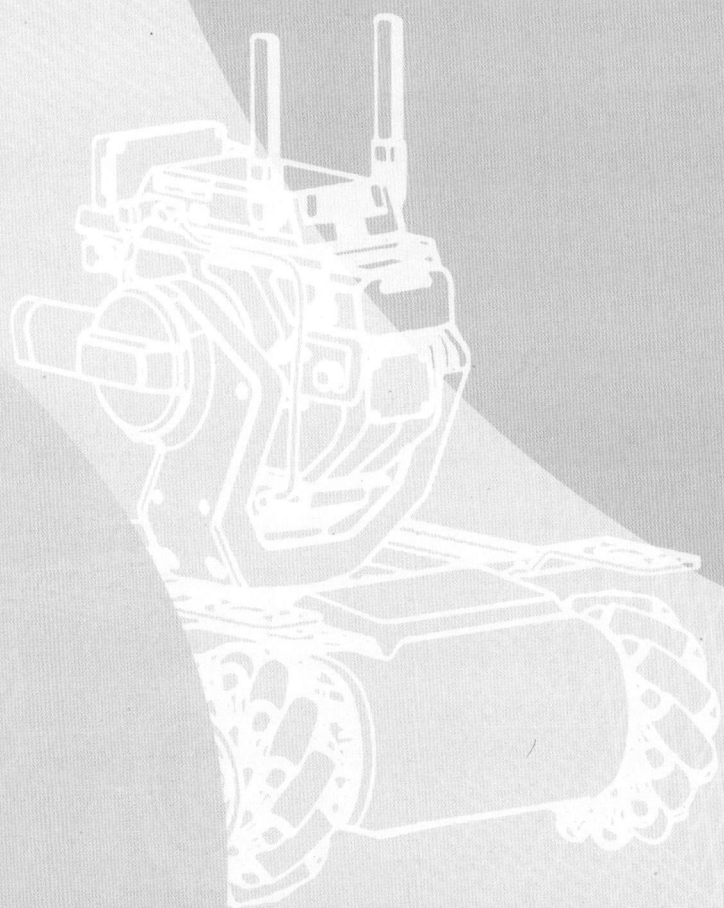

```
┌──────────┐    ┌──────────┐              ┌──────────┐    ┌──────────┐
│ 机械臂的  │ →  │ 机械臂接入 │             │ 机械爪的  │ →  │ 机械爪接入 │
│ 控制程序  │    │ EP机器人  │             │ 控制程序  │    │ EP机器人  │
└──────────┘    └──────────┘              └──────────┘    └──────────┘
     ↑                                          ↑
┌──────────┐    ┌──────────┐              ┌──────────┐
│ 机械臂    │ →  │ 可达范围  │             │ 机械爪的  │
│ 运动模型  │    └──────────┘             │ 传动原理  │
│          │ →  ┌──────────┐             └──────────┘
└──────────┘    │ 正、逆解  │                  ↑
     ↑          └──────────┘
┌──────────────┐
│ 舵机接入EP机器人│ ←
└──────────────┘
┌──────────────┐    ┌──────────┐    ┌──────────┐
│ 舵机控制原理   │ ← │ 驱动器    │    │ 机械臂的  │
└──────────────┘    │ ——舵机   │    │ 传动原理  │
┌──────────────┐    └──────────┘    └──────────┘
│ PWM信号      │ ←
└──────────────┘
┌──────────────┐        ┌──────────┐              ┌──────────┐
│ 舵机控制程序   │ ←     │ 机械臂的  │             │ 机械爪的  │
└──────────────┘        │ 连杆机构  │             │ 连杆机构  │
                        └──────────┘              └──────────┘
                             ↑                         ↑
                        ┌──────────────┐
                        │ 认识连杆机构   │
                        └──────────────┘
                             ↑
                        ┌──────────────┐
                        │ 机械臂和机械爪 │
                        └──────────────┘
```

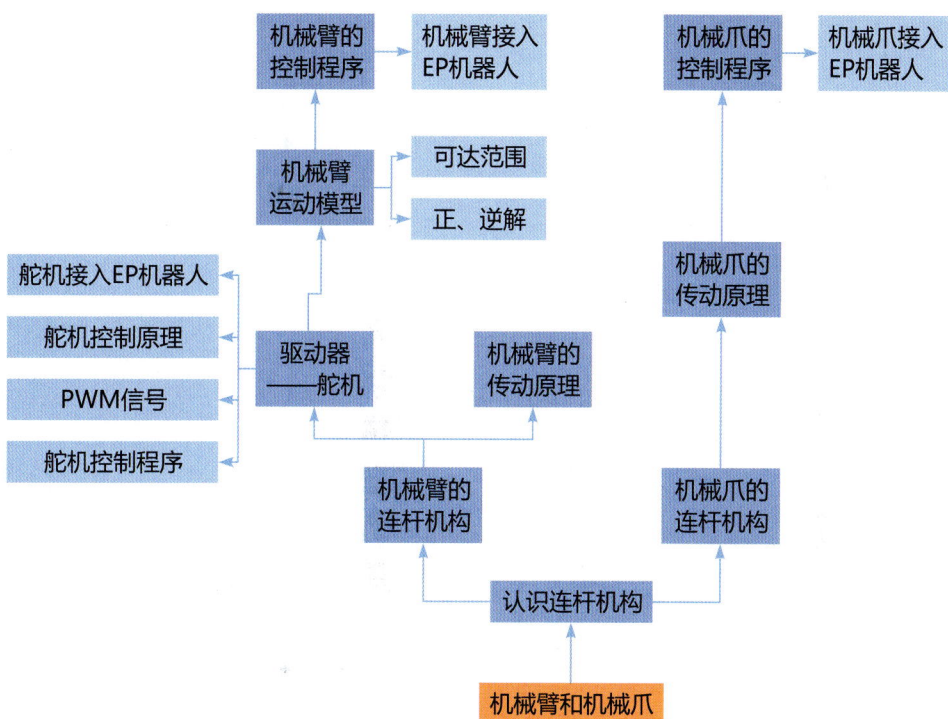

图 7-1　第 7 章知识树

随着人类工业化程度不断提高，制造工厂中出现了越来越多的机械臂，它们具有灵活的姿态，能够控制末端的机械爪完成各种各样的工作，比如抓取物件、焊接、喷涂等。机械臂的大量使用，将工人们从繁重的劳动中解放出来，不仅提高了生产效率，还让工人们免于遭受在极端环境中工作的各种伤害。机械臂是工业文明进步的重要体现，在未来它还将继续发展。

EP 机器人也可以搭载机械臂和机械爪完成一系列夹取任务。EP 机器人的机械臂和机械爪均采用连杆结构并通过舵机进行驱动。本章将带大家学习 EP 机器人的机械臂和机械爪，我们不仅要深入了解它们的结构，还要掌握对它们进行控制的方法。

7.1 机械臂和机械爪的结构

学习目标

1. 掌握 EP 机器人工程形态的组成和结构。
2. 理解连杆的概念。
3. 了解机械臂的结构和传动原理。
4. 了解机械爪的结构和传动原理。

情景导入

同学们应该见过挖掘机，挖掘机的机械臂和铲斗有着令人着迷的机械运动之美。EP 机器人的工程形态酷似挖掘机，但其运动原理又与挖掘机有一点区别。我们将从 EP 机器人的机械臂和机械爪开始，了解机械运动的原理。

7.1.1 EP 机器人工程形态的组成和结构

在第 1 章我们已经接触过 EP 工程机器人的基本结构，本小节我们再回顾一下。工程机器人的结构如图 7-2 所示：包括一个底盘、一个机械臂和一个机械爪，其中工程机器人的底盘和步兵机器人的底盘是一样的，可以通过拆装的方式将步兵机器人的底盘用作工程机器人的底盘。工程机器人的机械臂是由钣金类零件构成的连杆机构，结构紧凑，运动灵活。机械爪是机械臂末端的执行器件，同样采用连杆机构，可以抓取多种形状的物体。

图 7-2　工程机器人

工程机器人的机械臂功能强大，结合机器人的其他功能，如视觉识别、TOF 测距等可以实现更强大的应用。

在工程形态下，我们同样可以用手机等设备遥控工程机器人，不仅可以控制工程机器人底盘运动，还可以控制机械臂和机械爪实现远程夹取。利用工程机器人，可以轻松实现遥控取快递等趣味玩法。在 RoboMaster App 中控制工程机器人的视角如图 7-3 所示，左侧操作杆控制底盘前后左右平移，右侧操作杆控制底盘向左或向右旋转。点击右侧机械臂按键可以控制机械臂和机械爪运动（如图 7-4 所示），此时右侧操作杆控制机械臂上下平移，左侧操作杆控制机械臂左右平移，右下侧操作杆控制机械爪打开或关闭。

图 7-3　工程机器人视角（App）

图 7-4　机械臂和机械爪控制界面（App）

如果用键盘和鼠标控制工程机器人，其视角如图 7-5 所示。键盘 W、A、S、D 键分别控制底盘前、左、后、右平移，鼠标控制底盘左右旋转。按下 G 键可以调出机械臂和机械爪控制界面，如图 7-6 所示。按住空格键进入机械臂和机械爪的操作模式，出现机械臂和机械爪的操作杆，界面上会有机械臂和机械爪的操作提示：空格键+W/A/S/D 键分别控制机械臂前/上/后/下运动，空格键+鼠标左键控制闭合机械爪，空格键+鼠标右键控制打开机械爪。若松开空格键则回到底盘控制模式。

图 7-5　工程机器人视角（键盘和鼠标）

图 7-6　机械臂和机械爪控制界面（键盘和鼠标）

由于工程机器人的相机是安装在机械臂上的，所以图传画面会随着机械臂的运动而运动，有时会因为视角太高以至于看不到前进的路，这时要调整机械臂的位置，才能使得图传画面适合操作。

接下来我们将更深入地了解机械臂和机械爪的连杆机构及其运动原理，但是在学习之前需要了解连杆的基础知识。

7.1.2　连杆的基础知识

连杆机构是机械领域的常用结构，如石油钻井平台（见图 7-7）、老式火车头车轮组（见图 7-8）、汽车转向机构（见图 7-9）等都用到了连杆机构。

图 7-7　石油钻井平台

图 7-8　老式火车头车轮组

图 7-9　汽车转向机构

在生活中，也处处都有连杆机构，如公园的健身器材（见图 7-10）、骑自行车的人（见图 7-11）——人的大腿、小腿以及自行车的曲柄、车架构成了连杆机构。

图 7-10　健身器材　　　图 7-11　骑自行车的人

　　总结一下，连杆机构可以抽象地看成是几根连杆零件首尾相连而组成的封闭结构。最简单的连杆机构包含 4 根连杆零件，这种最简单的连杆机构称为铰链四杆机构。其他更复杂的连杆机构都是由铰链四杆机构叠加、复合、演化而来的，因此铰链四杆机构是连杆机构中最基础和最重要的机构。机构运动简图通过简单的方式表示机械结构运动关系。我们用机构运动简图绘制铰链四杆机构，以便进一步地认识它，如图 7-12 所示。

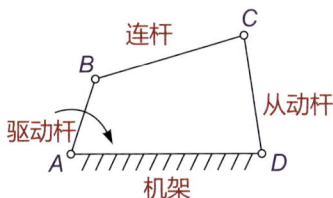

图 7-12　铰链四杆机构的机构运动简图

　　铰链四杆机构包含 4 个连杆零件，其中固定的连杆零件称为机架，与机架相连的连杆零件称为连架杆，与驱动器（电机或舵机）连接的连架杆称为驱动杆，另一个连架杆称为从动杆，剩下一个连杆零件称为连杆。这 4 个连杆零件都具有一个重要的参数——杆长，它指的是连杆零件中参与构成连杆机构的两端的直线距离。杆长参数决定了连杆机构的运动规律，也决定了其力学特征。需要注意的是，连杆零件不一定是直杆，它的形状可能千变万化，所以我们在计算杆长时一定要注意杆长的定义。

　　铰链四杆机构中每根杆都与其相邻的连杆零件做旋转运动，这种表明两个零件具有相对旋转关系的连接，被称为转动副，在图 7-12 中，A、B、C、D 均为转动副。如果相对旋转可以完成完整的一圈，那么这个转动副称为周转副。铰链四杆机构中，某个转动副为周转副的条件为：最短杆与最长杆的长度之和小于其余两杆长度之和，并且组成转动副的两杆中有最短杆。铰链四杆机构根据周转副的情况可以分为 3 类：

①A 为周转副、D 不为周转副——曲柄摇杆机构，AB 为曲柄，CD 为摇杆；A 不为周转副、D 为周转副——曲柄摇杆机构，AB 为摇杆，CD 为曲柄。

②A 为周转副、D 为周转副——双曲柄机构，AB、CD 为曲柄。

③A 不为周转副、D 不为周转副——双摇杆机构，AB、CD 为摇杆。

例 1：如图 7-13 所示，若铰链四杆机构的杆长分别为：驱动杆 15 cm，机架 40 cm，从动杆 23 cm，连杆 30 cm。请判断其类型。

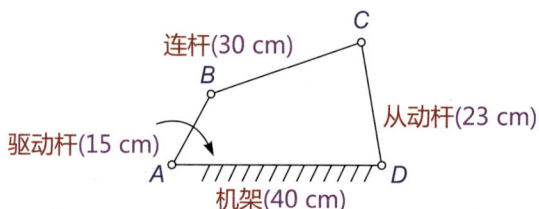

图 7-13　例 1

解：根据已知杆长，结合周转副的存在条件判断，该铰链四杆机构中驱动杆两端为周转副，从动杆两端不为周转副。因此该铰链四杆机构属于曲柄摇杆机构。

例 2：如图 7-14 所示，若铰链四杆机构的杆长构成平行四边形，请判断其类型。

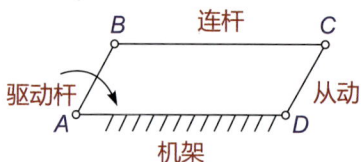

图 7-14　例 2

解：根据已知杆长，结合周转副的存在条件进行判断，该铰链四杆机构中所有转动副均为周转副。因此该铰链四杆机构属于双曲柄机构。这种双曲柄机构，被称为平行四边形机构，其特殊性在于：驱动杆与从动杆具有相同的运动规律，并且在运动过程中，连杆始终与机架保持平行。

三角形具有稳定性，所以三杆机构无法运动，相比之下，四杆机构比较自由，可以运动，五杆、六杆同样可以运动，那么到底它们的自由程度有多少？我们引入自由度的概念以表示机械结构的自由程度，三杆机构构成三角形，无法运动，因此其自由度为0；铰链四杆机构在一个驱动器的驱动下可以有唯一的运动规律，其自由度为1；五杆机构在2个驱动器的驱动下可以有唯一的运动规律，其自由度为2。我们可以粗略地将自由度归结为：如果一个机构在 n 个驱动器作用下可以有唯一的运动规律，那么它的自由度为 n。事实上，自由度的计算比较复杂，但大部分情况可以根据驱动器数量判断自由度。

了解这些连杆知识后，我们就可以进入 EP 机器人的机械臂和机械爪的学习了。

7.1.3 机械臂的结构和传动原理

EP 机器人的机械臂由许多零件构成，如图 7-15 所示，可分为三个部分：底座、大臂、小臂。

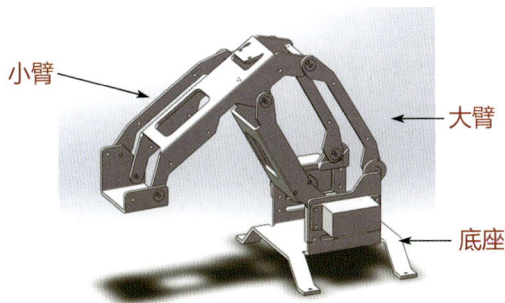

图 7-15　EP 机器人的机械臂

底座将机械臂与 EP 机器人的底盘连接，并且固定了机械臂的两个驱动舵机。大臂和小臂均由连杆零件构成，将舵机的输出传递到小臂末端的机械爪接头上。

EP 机器人的大臂构成了一个铰链四杆机构，而小臂由于传动的需要，构成了两个铰链四杆机构，因此机械臂是由三个铰链四杆机构复合而成的连杆机构。我们首先研究大臂的连杆机构，如图 7-16 所示，机架位于底座上，舵机带动大臂的驱动杆运动，再通过连杆和从动杆相连回到机架。用尺子测量大臂连杆机构四根杆的长度，可以得到：驱动杆 120 mm、连杆 40 mm、从动杆 120 mm、机架 40 mm，正好构成一个平行四边形。结合上一小节的介绍，我们可以得出结论：EP 机器人的大臂连杆机构为平行四边形机构。

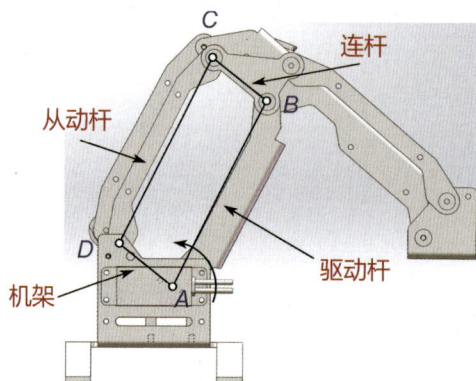

图 7-16　EP 机器人大臂的连杆机构

　　然后研究小臂的连杆机构，如图 7-17 所示，在小臂连杆机构 A 中机架位于大臂驱动杆上，舵机带动小臂的驱动杆运动，再通过连杆和从动杆相连回到机架。用尺子测量小臂连杆机构 A 四根杆的长度，可以得到：驱动杆 50 mm、连杆 120 mm、从动杆 50 mm、机架 120 mm，正好构成一个平行四边形。EP 机器人的小臂连杆机构 A 为平行四边形机构。在平行四边形机构中，从动杆具有与驱动杆一致的运动规律，驱动杆旋转多少度，从动杆就旋转多少度。通过这样的平行四边形机构，位于底座上的舵机可以带动机械臂的小臂旋转。

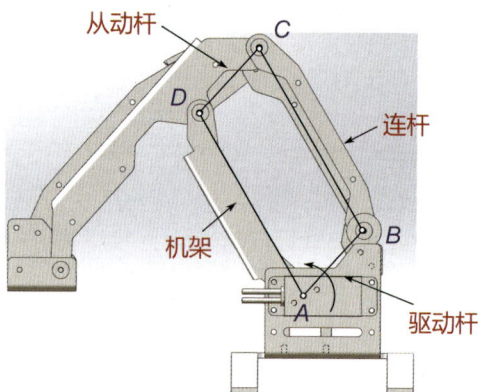

图 7-17　EP 机器人小臂的连杆机构 A

　　动力传递到小臂，再通过小臂上的连杆机构传递到机械爪接头。结合图7-16 至图 7-18 来看。大臂连杆机构中的连杆作为小臂连杆机构 B 的机架，小臂连杆机构 A 中的从动杆作为小臂连杆机构 B 的驱动杆，连杆即机械爪接头，再通过从动杆形成闭环。用尺子测量小臂连杆机构 B 四根杆的长度，可以得到：驱动杆 120mm、连杆 25 mm、从动杆 120 mm、机架 25 mm，小臂连杆机构 B 同样构成平行四边形机构。

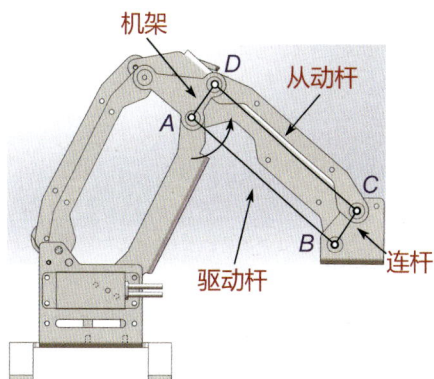

图 7-18　EP 机器人小臂的连杆机构 B

经过分析，我们发现 EP 机器人的机械臂包含三个平行四边形机构。平行四边形机构的平行性质使得机械臂末端始终保持水平；而传动性质使得大臂和小臂的驱动舵机都位于底座上，这有利于减轻机械臂的负载。

7.1.4　机械爪的结构和传动原理

EP 机器人的机械爪由许多零件组成，其结构没有机械臂那么复杂，但也有其独特之处。EP 机器人的机械爪为对称结构，因此只需要分析其中一侧的结构即可，如图 7-19 所示。从图中可以看出，机械爪由两个连杆机构复合而成，其独特之处在于，其中一个连杆机构并非铰链四杆机构，而是连杆滑块机构。连杆滑块机构相对于铰链四杆机构的不同在于，连杆滑块机构其中一个转动副变成移动副，也就是两个零件发生相对平移运动的连接。连杆滑块机构属于连杆机构的变式。

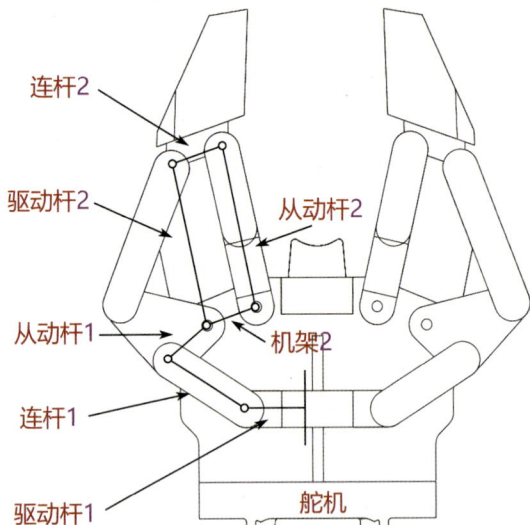

图 7-19 EP 机器人的机械爪结构

在 EP 机器人的机械爪中，舵机位于机械爪根部，舵机旋转带动螺杆旋转，螺杆旋转带动驱动杆 1 沿着螺杆平移滑动，并引起连杆 1 和从动杆 1 发生运动。从动杆 1 作为铰链四杆机构的驱动杆 2，带动铰链四杆机构运动，而铰链四杆机构的连杆 2 作为夹爪，实现物体夹取动作。EP 机器人的机械爪的另一个独特之处在于，其铰链四杆机构的驱动杆 2 和从动杆 2 并不是一个固定不动的零件，它们都是由两根杆件组成的。这两根杆件内部置有弹簧，弹簧拉动杆件，在机械爪无负载状态下，两根杆件不会发生相对运动；机械爪夹取物体时，由于物体形状各异，对夹爪的接触负载不均匀，此时两根杆件会发生相对运动，以适应物体的形状，来平衡夹爪的接触负载。这种特性使得机械爪能够稳定地抓取形状不同的物体，而不会使物体滑落。

任务探究

请测量机械爪的连杆长度，绘制机构运动简图，探究在运动过程中，机械爪的末端是否能够像机械臂末端一样始终保持平移运动。

课后拓展

生活中还有哪些设备或设施使用连杆机构？它们具有什么样的运动特点？请举例说明。

7.2 舵机

👆 学习目标

1. 了解舵机的组成和控制原理。
2. 了解舵机在机械运动中的作用。
3. 掌握舵机的结构和控制方法。

📖 情景导入

　　一套连杆系统要动起来，需要外界对其输入能量，而舵机是一种常见的驱动连杆系统的设备。EP 机器人的机械臂就使用了 2 个舵机。舵机可以控制输出轴的角度，驱动机构到达指定的位置。舵机内部的结构是什么样的呢？我们应如何控制舵机？在本小节我们将学习舵机的知识。

7.2.1　舵机的组成

　　舵机内部由直流电机、减速齿轮组、控制芯片（集成角度传感器）等组成，如图 7-20 所示。

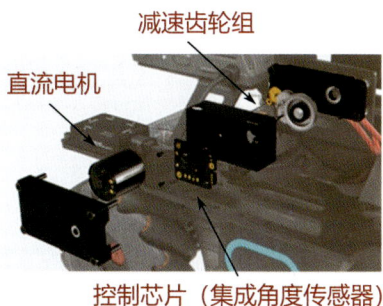

图 7-20　舵机内部结构

　　控制芯片在接收到信号后，会控制直流电机高速旋转，经过减速齿轮组降低转速，同时增大力矩，再结合角度传感器检测舵机输出轴的位置信息，将位置信息反馈给控制芯片，最终实现角度的精确控制。

　　市面上有许多种舵机，它们的内部组成大同小异，但控制原理千差万别，控制原理直接决定了舵机的控制性能，如响应速度、控制精度等。常见的舵机按控制原理可分为模拟舵机和数字舵机，它们都是通过接收 PWM 信号实现角度控制的。还有一种更加先进、智能的舵机——总线舵机，它属于数字舵机的衍生品，通过总线协议实现角度控制。

7.2.2 舵机的控制原理

常见的模拟舵机和数字舵机都引出 3 根线，这 3 根线分别是供电线、地线、信号线，它们颜色不一，一般红色为供电线，黑色或棕色为地线，剩余为信号线。其中供电线为舵机供电，地线形成回路并确定电压基准，信号线用于接收 PWM 信号。

PWM 信号也叫脉冲宽度调制信号，是通过占空比传递信息的信号。其波形图如图 7-21 所示。PWM 信号是以一定周期变化的信号，常见的 PWM 信号周期 $T = 20$ ms，在一个周期内，信号有一段为高电压，持续时间为 t，剩下一段为低电压。占空比就是在一个周期内，高电压持续时间占整个周期时间的比例，即：

$$p = \frac{t}{T} \times 100\%$$

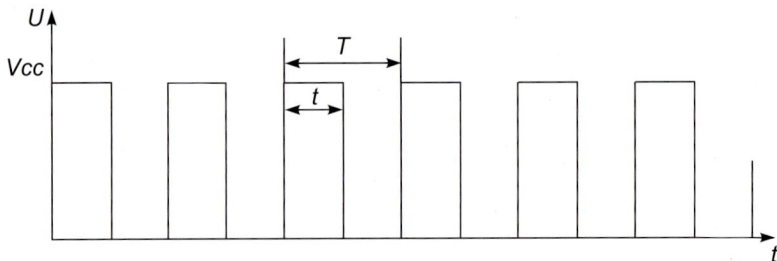

图 7-21 PWM 信号波形

向舵机输入不同占空比的 PWM 信号，舵机的输出角度会不同，一般舵机能处理的 PWM 信号的占空比范围为 2.5%～12.5%。EP 机器人底盘在运动控制器上提供了 6 个舵机接口，可以通过 RoboMaster App 编程控制它们输出不同占空比的 PWM 信号。然而这些舵机接口存在一个缺点，刚上电时，就默认输出占空比为 7.5% 的 PWM 信号，当自定义程序运行结束后 PWM 信号不会保持，而是回到默认输出占空比为 7.5% 的 PWM 信号状态。这使得舵机角度无法保持，导致某些功能难以实现。

EP 机器人的舵机属于总线舵机，与普通的舵机的输入信号不同，它采用总线协议信号，只有 EP 机器人能够识别并控制其舵机。

7.2.3　舵机接入 EP 机器人的方法

舵机有两根红色引出线，一根为 4pin 公头，另一根为 4pin 母头。其中母头可以直接接入底盘运动控制器上的红色公头接口，也可以通过线材包中的红色延长线接入，在连接舵机时还可以通过串联方式连接，将一个舵机的公头接入另一个舵机的母头。这是总线舵机的特点之一，这种串联接入的方式为舵机布线带来极大的方便。

舵机接入 EP 机器人需要在 RoboMaster App 上进行具体流程为：打开 App 并且连接 EP 机器人，点击设置里的拓展模块。如果软件提示已接入机械臂，则需要拆除机械臂，如图 7-22 所示。然后在 App 界面下方找到"舵机"，点击"接入舵机"，然后仔细阅读 App 提示并按提示接入舵机。舵机必须一个一个接入，因为 EP 机器人要为接入的舵机编号（如图 7-23 所示），同时接入会导致多个舵机编号一致，从而使控制出错。完成舵机接入和编号后可以看到"舵机已接入"提示。

图 7-22　拆除机械臂

图 7-23　接入舵机并编号

7.2.4　编程控制舵机运动

可以在 RoboMaster App 和大疆教育平台上编程控制 EP 舵机运动，有关模块总共有 4 个，其功能如表 7-1 所示。

表 7-1 舵机控制模块功能

模块	功能说明	用途
控制 1▼ 号舵机旋转到 90 度	控制某个舵机旋转到某个角度	角度控制
控制 1▼ 号舵机 回中▼	控制某个舵机回中或停止运动	角度控制为 0 或速度控制为 0
控制 1▼ 号舵机以 10 度/秒旋转	控制某个舵机以某个速度旋转	速度控制
1▼ 号舵机的角度	读取某个舵机的当前角度	获取角度值

下面我们利用这些模块完成一些编程任务。

任务探究

1. 首先将舵机接入 EP 机器人，并设置编号为 1。控制 1 号舵机旋转到 90°，读取 1 号舵机的角度并用变量 $angle_1$ 保存。其次控制 1 号舵机旋转到 -90°，读取 1 号舵机的角度并用变量 $angle_2$ 保存。观察两个变量的值并说说误差有多大。

第一个任务的编程比较简单，可以根据任务描述直接写出程序。参考程序如图 7-24 所示。

图 7-24 观察舵机旋转角度误差的参考程序

在运行程序之前，我们先预测一下运行结果。最理想的情况是程序运行完，$angle_1$ 的值为 90°，$angle_2$ 的值为 -90°，然而现实是不理想的，$angle_1$ 的值很可能不是 90°，也许是 89.5°，也许是 90.5°，应该是在 90° 附近的值。这个值减去 90° 的绝对值称为误差，误差越小，表明舵机在这个程序的控制下精度越高，反之精度越低。同样地，我们考察 $angle_2$ 的值与 -90° 的差的绝对值，也可以看出这个代码的控制精度。

请运行程序，观察误差的大小。如图 7-25 所示，误差值在 90° 附近较小，在 -90° 附近较大。

变量	
$angle_1$	89.64844
$angle_2$	-87.89063

图 7-25　舵机两个旋转角度变量的值

如果改变参考程序（见图 7-24）中的角度，以及等待时间，读取的误差值如何？请自行调试并得出结论。

2. 请结合之前学习的反馈与控制知识，利用控制某个舵机以某个速度旋转模块和读取某个舵机当前角度模块编写程序，实现控制某个舵机旋转到某个角度的功能（也就是取代第一个任务中舵机控制模块的功能，并且具有更高的精度和更快的速度）。

该任务需要用到 PID 控制器。我们首先要设置 PID 的三个参数，然后在循环中更新误差，并输出误差处理结果。实时获取舵机当前角度与目标角度的误差，将误差输入 PID 控制器处理，将 PID 控制器的输出结果设为舵机的旋转速度。当误差小于某个给定值时停止循环，停止舵机运动，最后读取舵机角度。参考程序如图 7-26 所示。

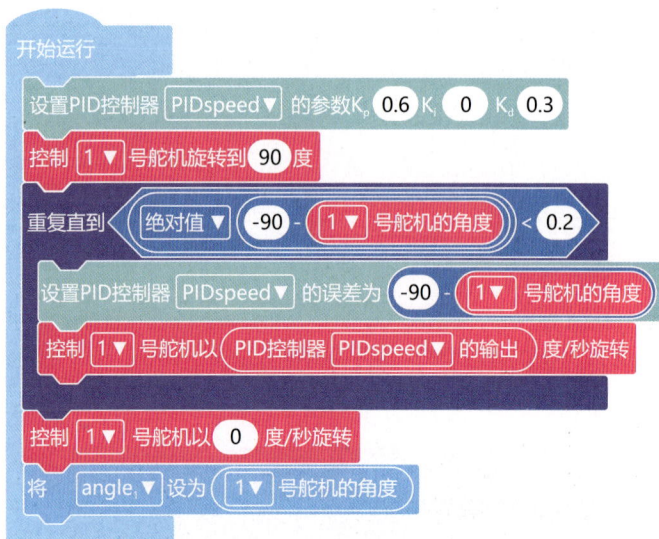

图 7-26　PID 控制器参考程序

明显地，舵机的运动速度和精度都有大幅提高，并且此时的速度和精度都是可控的。提高 PID 的 K_p 参数可以提高舵机运动的最大速度，但是要注意这个速度不能超过舵机本身的最大速度 240°/s 的限制，修改循环停止条件的最大允许误差（如图 7-26 程序中的 0.2）可以控制舵机的精度。

我们自行编写程序，实现了比自带模块精度更高、速度更快的效果，但是在硬件层面的限制下，精度和速度不可兼得，想要更快的速度就必然会降低精度。

课后拓展

在任务探究 2 中，我们实现了速度更快、精度更高地控制 1 号舵机，请尝试编写程序，实现同时控制多个舵机。

7.3　机械臂的控制

学习目标

1. 了解舵机当前角度与机械臂末端坐标的对应关系。
2. 掌握机械臂接入 EP 机器人的方法。
3. 掌握编程控制机械臂的方法。

情景导入

我们已经学习了单个舵机的控制方法，那么，如何利用舵机控制机械臂呢？舵机的角度与机械臂有着怎样的对应关系呢？如何编程控制机械臂？这一小节将学习机械臂运动模型以及机械臂各个编程模块的用法。

7.3.1 机械臂运动模型

在 7.1 中我们学习了机械臂连杆机构，EP 机器人的机械臂采用了三个平行四边形机构，利用平行四边形机构的特点，不仅使机械臂末端的机械爪保持水平运动，还将小臂舵机移动至底座，减轻机械臂载荷。在这样的结构中，舵机的角度决定了机械臂伸展的角度（其中大臂的角度通过右侧舵机控制，小臂的角度通过左侧舵机控制），通过机械臂的传动，舵机的角度最终决定机械臂末端的位置。

如图 7-27 所示，设大臂的角度为 θ_1，长度为 l_1；小臂的角度为 θ_2，长度为 l_2，它们决定了机械臂末端 C 点的坐标 (x, y)。而一对 (θ_1, θ_2) 能够确定一对 (x, y)，也就是

$$f(\theta_1, \theta_2) = (x, y) \tag{1}$$

或者反过来，一对 (x, y) 能够确定一对 (θ_1, θ_2)，也就是

$$f^{-1}(x, y) = (\theta_1, \theta_2) \tag{2}$$

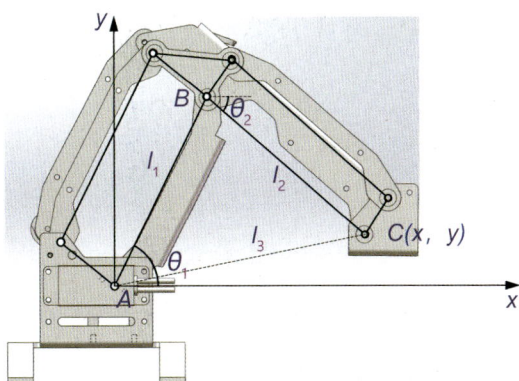

图 7-27　机械臂运动模型

我们称式（1）为机械臂运动模型的正解，而式（2）为机械臂运动模型的逆解。

接下来我们进一步探究机械臂中正、逆解的具体形式，先从正解入手。

由图 7-27 所示的几何模型可以轻松推导机械臂的正解

$$\begin{cases} x = l_1 \cos \theta_1 + l_2 \cos \theta_2 \\ y = l_1 \sin \theta_1 + l_2 \sin \theta_2 \end{cases} \tag{3}$$

(θ_1, θ_2) 从 x 轴正向出发，取逆时针为正。在机械臂中 $l_1 = l_2 = 120$ mm，因此其正解还可以进一步写成

$$\begin{cases} x = 120(\cos \theta_1 + \cos \theta_2) \\ y = 120(\sin \theta_1 + \sin \theta_2) \end{cases} \tag{4}$$

机械臂中的大臂和小臂长度相等是一个较好的条件，为后续逆解的推导提供很大便利。求逆解的做法如下：

对式（4）右边作和差化积

$$\begin{cases} x = 240\cos \dfrac{\theta_1 + \theta_2}{2} \cdot \cos \dfrac{\theta_1 - \theta_2}{2} \\ y = 240\sin \dfrac{\theta_1 + \theta_2}{2} \cdot \sin \dfrac{\theta_1 - \theta_2}{2} \end{cases} \tag{5}$$

两式相除得到

$$\frac{y}{x} = \tan \frac{\theta_1 + \theta_2}{2} \tag{6}$$

即

$$\theta_1 + \theta_2 = 2\arctan\left(\frac{y}{x}\right) \tag{7}$$

将式（6）代入式（5）的任意一式得

$$x = 240 \frac{1}{\sqrt{1 + \tan^2 \dfrac{\theta_1 + \theta_2}{2}}} \cos \frac{\theta_1 - \theta_2}{2} = 240 \frac{x}{\sqrt{x^2 + y^2}} \cos \frac{\theta_1 - \theta_2}{2} \tag{8}$$

进一步化简得到

$$\frac{\sqrt{x^2 + y^2}}{240} = \cos \frac{\theta_1 - \theta_2}{2} \tag{9}$$

即

$$\theta_1 - \theta_2 = \begin{cases} 2\arccos \dfrac{\sqrt{x^2 + y^2}}{240}, & \theta_1 > \theta_2 \\ -2\arccos \dfrac{\sqrt{x^2 + y^2}}{240}, & \theta_1 < \theta_2 \end{cases} \quad (|\theta_1 - \theta_2| \leqslant \pi) \tag{10}$$

结合式（7）和式（10）可以得出机械臂的运动模型逆解。对于机械臂，由于设置了机械限位，$0<\theta_1-\theta_2<\pi$ 恒成立，所以逆解为

$$
\begin{cases}
\theta_1 = \arctan\left(\dfrac{y}{x}\right) + \arccos\dfrac{\sqrt{x^2+y^2}}{240} \\[3mm]
\theta_2 = \arctan\left(\dfrac{y}{x}\right) - \arccos\dfrac{\sqrt{x^2+y^2}}{240}
\end{cases}
\tag{11}
$$

此外还可以通过分析其几何意义计算机械臂运动模型的逆解。如图 7-27 所示，连接 AC 并定义 AC 长度为 l_3，倾斜角为 θ，则

$$
l_3 = \sqrt{x^2+y^2}, \quad \theta = \arctan\frac{y}{x}
\tag{12}
$$

又因为 $l_1 = l_2 = 120$ mm，即三角形 ABC 构成等腰三角形，假设其底角为 α，由余弦定理得

$$
\cos\alpha = \frac{l_1^2 + l_3^2 - l_2^2}{2l_1 l_3} = \frac{\sqrt{x^2+y^2}}{240}
\tag{13}
$$

所以得到

$$
\begin{cases}
\theta_1 = \theta + \alpha = \arctan\left(\dfrac{y}{x}\right) + \arccos\dfrac{\sqrt{x^2+y^2}}{240} \\[3mm]
\theta_2 = \theta - \alpha = \arctan\left(\dfrac{y}{x}\right) - \arccos\dfrac{\sqrt{x^2+y^2}}{240}
\end{cases}
\tag{14}
$$

机械臂运动模型的逆解对于机械臂的控制非常重要。大多数时候，人们希望机械臂末端到达空间中的给定位置，或用于夹取，或用于焊接，这时就需要运用运动模型的逆解求出机械臂各个舵机的角度，才能确保 EP 机器人到达指定位置。有时候除了位置要求还有速度甚至加速度的要求，这些都必须从运动模型的逆解出发，进行各种理论分析、数学推导才能完成对机械臂的控制。机械臂运动模型属于入门级别的模型，此外还有各种不同的运动模型，其正、逆解的推导非常复杂，有相当一部分还没有被人类解决，这也是机器人技术中的重要课题。

7.3.2 机械臂末端的可达范围

机械臂虽然灵活，但是只能在平面内的有限区域运动，因为两个舵机的角度（θ_1，θ_2）不能任意取得，而且依照运动学正解关系，最终得出的 (x, y) 也是有范围限制的。机械臂的末端所能到达的点 (x, y) 的集合称为机械臂

末端的可达范围。机械臂在运动过程中不得超出可达范围，否则将损坏零件。我们在操作机械臂完成各种任务时一定要注意可达范围，否则机械臂将不能很好地完成任务。

在机械臂中（θ_1，θ_2）的约束有

$$\begin{cases} 12°<\theta<118° \\ f(\theta_1)<\theta_2<26° \\ 53°<\theta_1-\theta_2<140° \end{cases} \tag{15}$$

式中，θ_2 的下限与 θ_1 有关，这是因为机械臂末端会受到前装甲板的阻挡。由于 $f(\theta_1)$ 的形式与前装甲板轮廓有关，且难以计算，因此先不考虑，将其他的有关约束求出后，再根据前装甲板的轮廓划定可达范围。

根据式（15）的条件绘制（θ_1，θ_2）平面内的可行区域，如图 7-28 所示。

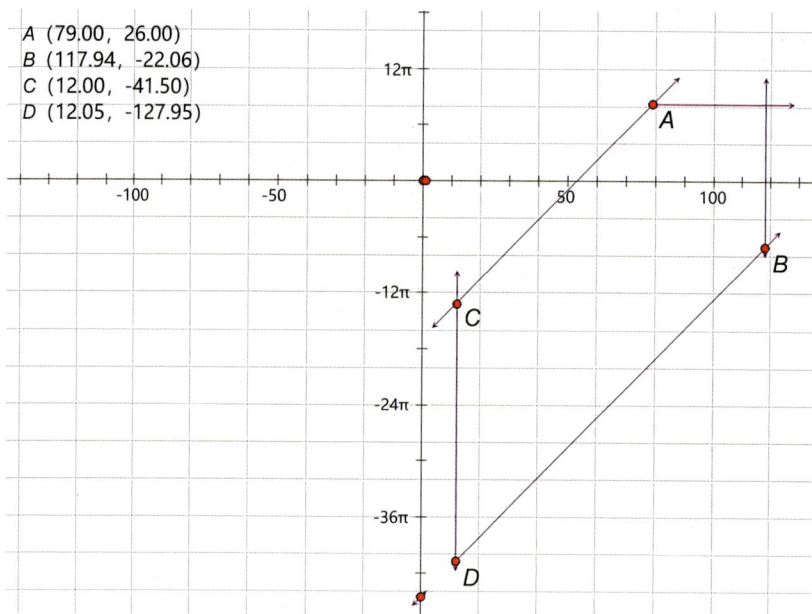

图 7-28　（θ_1，θ_2）平面的可行区域

图 7-28 中横坐标为 θ_1，纵坐标为 θ_2。这是在不考虑 $f(\theta_1)$ 时绘制的，可行区域为图中五边形内部的区域。一般认为，在可行区域边界取得的点代入运动模型正解计算出来的点在可达范围的边界。将图中五边形边界上的所有点代入运动模型的正解，计算得出可达范围的边界。机械臂可达范围的边界（不

考虑前装甲板）如图 7-29 所示。

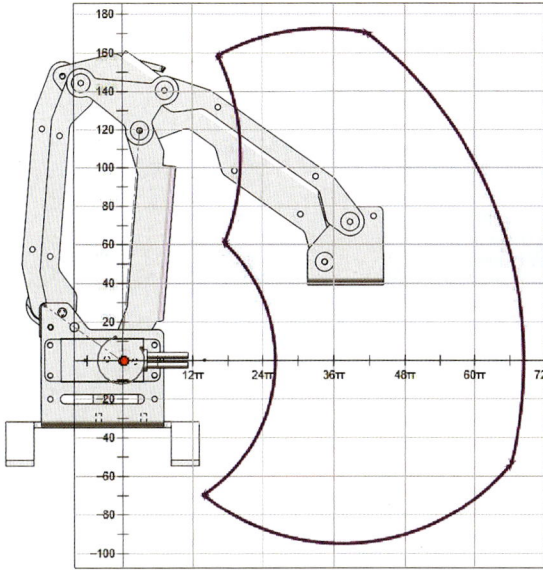

图 7-29 机械臂可达范围的边界（不考虑前装甲板）

此集合与前装甲板轮廓集合的差集为机械臂的可达范围，如图 7-30 所示。

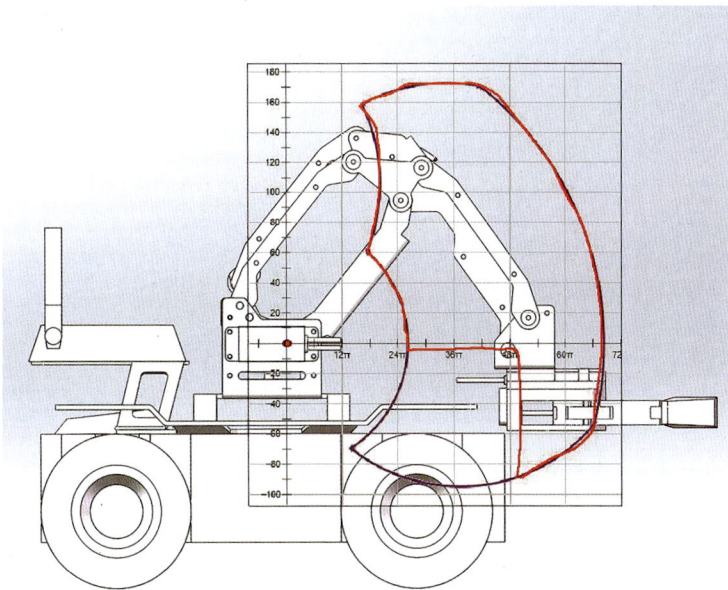

图 7-30 机械臂的可达范围（红线区域）

机械臂在运动过程中不能做出超出可达范围的姿势，因为机械臂的运动路径必须在可达范围内。例如，操作 EP 机器人夹取弹药瓶，必须先将机械臂移动至前方，然后再向下移动才能接触到弹药瓶，如果先向下移动，则会被卡住。

7.3.3 机械臂接入 EP 机器人的方法

将机械臂接入 EP 机器人的方法与将舵机接入 EP 机器人的方法类似，都是在 RoboMaster App 上进行接入。打开 App 并且连接 EP 机器人，点击设置中的拓展模块，找到机械臂并点击接入（如图 7-31 所示），按照 App 的提示依次接入左侧舵机和右侧舵机，完成后按照提示校准机械臂的位置，这样就成功安装了机械臂（如图 7-32 所示）。此时可以看到舵机出现了 L、R 的标签（如图 7-33 所示），这表明此舵机被视作机械臂的舵机，此时不能单独控制舵机，只能用机械臂有关的模块控制。

事实上，EP 机器人不会识别舵机安装的位置，即使是安装在机械臂上的舵机，选择拆除机械臂后也可以把它当作普通的舵机来控制。

图 7-31　接入机械臂

图 7-32　机械臂安装成功

图 7-33　机械臂的舵机

7.3.4 编程控制机械臂的方法

在 RoboMaster App 的编程界面中，已经集成了几个针对机械臂的控制模块，模块中已经集成了机械臂运动模型，我们只需要调用模块就可以实现对机械臂的控制。机械臂的控制模块功能如表 7-2 所示：

表 7-2 机械臂的控制模块功能

模块	功能说明	用途
控制机械臂向 前▼ 移动 50 毫米	控制机械臂向某方向移动某距离	控制机械臂末端水平或竖直移动
控制机械臂移动到坐标(X 50 , Y 50)处	控制机械臂移动到某个位置	机械臂末端位置控制
控制机械臂回中	控制机械臂回到初始位置	机械臂末端位置控制
机械臂当前位置	读取机械臂当前位置（列表型数据）	获取位置坐标

接下来，我们运用这些模块完成一些任务。

任务探究

1. 编程控制机械臂，使其末端走一个正方形。

要使得机械臂末端走一个正方形，那么这个正方形必须完全处于机械臂末端的可达范围内。所以我们先在机械臂末端可达范围内找到一个正方形，记录其四个端点的坐标，然后控制机械臂运动。

我们可以采用控制机械臂向某方向移动某距离模块，也可以采用控制机械臂移动到某个位置模块。这两个模块都可以帮助完成任务。参考程序如图 7-34 所示。

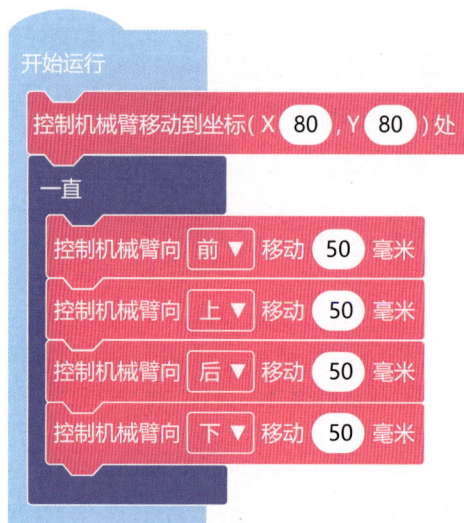

图 7-34　使机械臂末端走一个正方形程序

2. 编程控制机械臂，使其末端的机械爪位于夹取弹药瓶的预备位置。

弹药瓶是 RoboMaster 机甲大师青少年挑战赛场景中的场地道具，位于资源岛，如图 7-35 所示。为了夹取资源岛中的弹药瓶，机械臂需要运动到夹取弹药瓶的预备位置。我们首先要知道预备位置的坐标是什么，然后才能控制机械臂运动到预备位置。我们可以采用读取机械臂当前位置模块完成任务。做法是：首先手动控制 EP 机械臂运行到预备位置。其次创建一个列表，将列表设为机械臂当前的坐标，观察列表返回值。最后记下这个坐标，然后控制机械臂移动到这个坐标的位置即可。

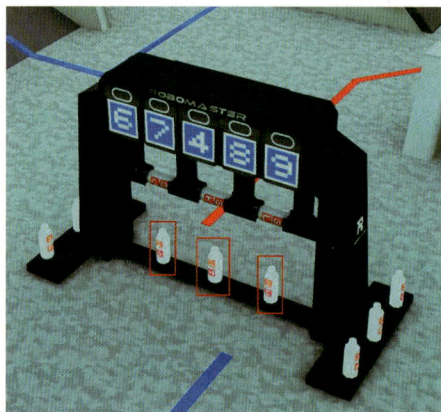

图 7-35　弹药瓶的位置

✧ 课后拓展

结合机械臂末端坐标和舵机角度的关系，尝试编写程序控制单个舵机，以控制机械臂（提示：要在软件上拆除机械臂才能控制单个舵机）。

7.4　机械爪的控制

👆 学习目标

1. 掌握机械爪的控制模块。
2. 编写程序结合机械臂和机械爪实现自动夹取、搬运货物。

📖 情景导入

机械臂末端的设备决定了整套机械臂的功能，在工厂中的机械臂，其末端可以安装夹爪，可以安装焊枪，还可以安装电动螺丝刀。EP 机器人的机械臂末端安装了机械爪，通过机械爪可以实现夹取物体的功能。

机械爪的控制模块

机械爪由一个特制的舵机控制，舵机正转控制机械爪闭合，反转控制机械爪打开。其运动模型非常简单，只涉及舵机角度和机械爪闭合程度的关系。一般情况下，人们也不关心机械爪闭合程度为多少，只关心机械爪是否有效地夹取物体。机械爪控制模块功能如表 7-3 所示。

表 7-3　机械爪控制模块功能

模块	类型	功能说明
控制机械爪 张开▼	非阻塞型	控制机械爪张开、闭合或停止运动
机械爪已完全 张开▼	条件类	判断机械爪是否已完全张开或闭合
机械爪张开状态	布尔类	返回机械爪张开状态
机械爪闭合状态	布尔类	返回机械爪闭合状态

接下来我们结合机械臂和机械爪的知识完成一些任务。

任务探究

1. 控制机械爪张开模块是非阻塞型模块，请运用阻塞型模块编写控制机械爪张开的程序。

2. 在大疆教育平台中进入模拟器，选择"人工智能普及系列"中的"灵巧的机械臂"场景，如图 7-36 所示。场景中有一块贴有视觉标签的物体，我们需要编写程序，控制机械臂抓取这个物体，并运送至目的地。

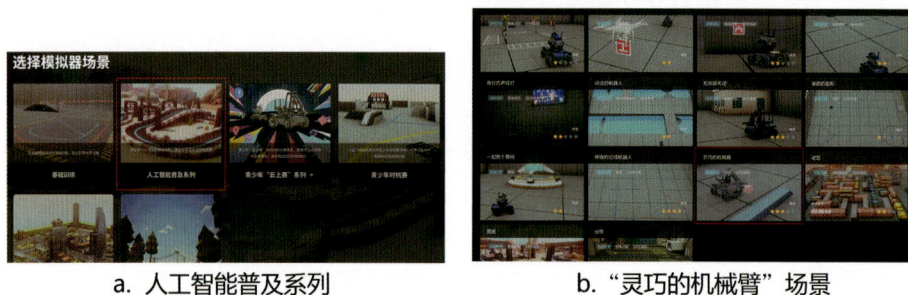

a. 人工智能普及系列　　　　　　b. "灵巧的机械臂"场景

图 7-36　模拟器中的"灵巧机械臂"场景

课后拓展

能否制作一个盒子，安装在 EP 机器人上，用于储存弹药瓶，以此提高搬运效率？谈谈你的设计方案。

习题答案与提示

第 1 章　EP 机器人

1.1　EP 机器人介绍

●任务探究

1. 答：特点：略。相同之处：共用一个底盘、图传、智能中控、扬声器。不同之处：步兵机器人具有云台发射器，可以发射水弹；工程机器人具有机械臂、机械爪，可以夹取、运输物品。

2. 略。

●课后拓展

答：略。

1.2　基本结构和组成

●任务探究

1. 提示：考虑各个部件的线路连接。

2. 略。

●课后拓展

提示：区别见 1.1 的内容，零部件采用模块化设计，不同模块之间组合可实现不同功能。

1.3　编程软件

●任务探究

略。

●课后拓展

提示：考虑摩擦、精度、控制等方面。

第2章 云台和底盘

2.1 云台的功能及其控制

● 任务探究

提示：结合云台航向轴和俯仰轴的知识，使用"控制云台向×旋转"模块以及"等待×秒"模块；结合云台航向轴和俯仰轴的知识，使用"控制云台绕俯仰轴旋转到×度"模块。

● 课后拓展

答：因为要保护电机和导线。云台内部有线路通过，如果不对云台进行限位，连续的转动会扭转云台内部的线路，可能会将其扭断或者导致电机过载、损坏。

2.2 灵活的麦克纳姆轮底盘

● 任务探究

提示：为了让 EP 机器人沿正方形运动，我们可以用"控制底盘向×度平移×米"模块；为了让 EP 机器人停得稳，可以在它准备转向时使用"等待×秒"模块，让 EP 机器人停下来一段时间，这样能更好地保证 EP 机器人走一个漂亮的正方形；为了更好地观察底盘4个轮子的转动方向，可以设置较低的底盘平移速度，并且在控制语句中找到"一直"，让 EP 机器人不断地沿正方形运动。

● 课后拓展

答：根据麦克纳姆轮的结构和运动的矢量分解与合成原理，如果在装配的时候不慎将底盘的四个麦克纳姆轮全部装反，又希望底盘向右平移，则让四个轮子保持一样的速度，使左前轮反转、右前轮正转、左后轮正转、右后轮反转。

2.3 扭腰闪避

● 任务探究

1. 提示：扭腰的时候云台与底盘同时运动，因此必须用到阻塞型模块和非阻塞型模块。可以是云台使用非阻塞型模块，底盘使用阻塞型模块；也可以云台使用阻塞型模块，底盘使用非阻塞型模块。另外需要设置整机运动模式为自由模式，这样才能单独控制云台和底盘运动。

2. 提示：在"我的程序"中将程序装配为"自定义技能"后，在操作界面点击右下角的小方块即可释放"自定义技能"。

• 课后拓展

提示：杆量叠加模块可以将控制设备（键盘、鼠标和手机）的杆量操作叠加到机器人"自定义程序"的运动控制上，此时可以实现一边扭腰闪避，一边操作机器人移动。杆量叠加模块包括云台杆量叠加和底盘杆量叠加，它们分别位于云台模块和底盘模块中。

2.4 全向移动

• 任务探究

1. 提示：下面分别给出 $a=30$ 和 $a=70$ 的情况。

麦轮转速叠加表（$a=30$）

运动类型	左前轮/（转/分）	右前轮/（转/分）	左后轮/（转/分）	右后轮/（转/分）
向前（30）	30	30	30	30
向右（70）	70	−70	−70	70
叠加	100	−40	−40	100

麦轮转速叠加表（$a=70$）

运动类型	左前轮/（转/分）	右前轮/（转/分）	左后轮/（转/分）	右后轮/（转/分）
向前（70）	70	70	70	70
向右（30）	30	−30	−30	30
叠加	100	40	40	100

2. 提示：下面给出刷锅闪避麦轮转速叠加示例。向右刷锅与向左刷锅正好相反。

刷锅闪避麦轮转速叠加表

运动类型	左前轮/（转/分）	右前轮/（转/分）	左后轮/（转/分）	右后轮/（转/分）
向右（100）	−100	100	100	−100
自转（20）	20	−20	20	−20
叠加	−80	80	120	−120

3. 提示：向左漂移数据如下所示。向右漂移和向左漂移正好相反。

向左漂移麦轮转速叠加表

运动类型	左前轮/（转/分）	右前轮/（转/分）	左后轮/（转/分）	右后轮/（转/分）
向右（100）	−100	100	100	−100
自转（180）	180	−180	180	−180
叠加	80	−80	280	−280

4. 提示：圆周运动可以看成向前平移和向右旋转的叠加。平移和旋转的分量不同，圆周运动的速度和轨迹半径也有区别。

● **课后拓展**

1. 提示：前面的案例中，麦克纳姆轮的转速都是恒定的数，如果转速为变化的数，运动姿态将更加复杂，可以引入定时器的功能，获取时间变量，然后令转速为时间变量的函数即可。

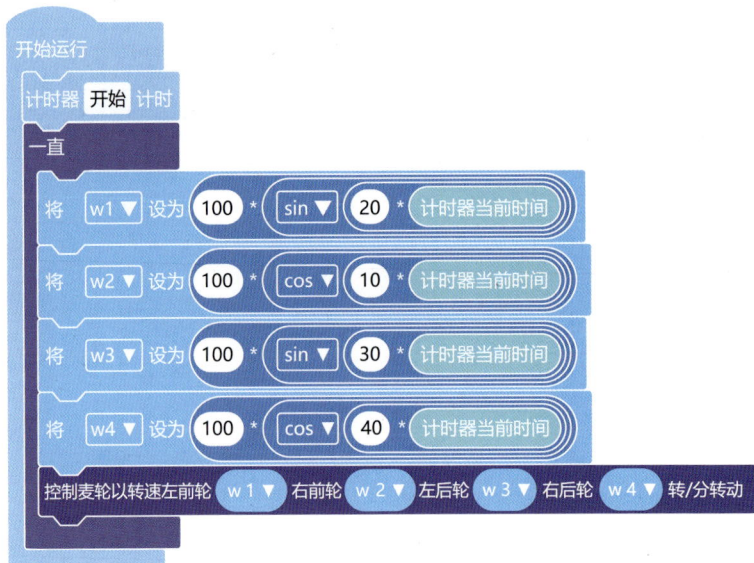

2. 答：主要区别如下：

EP 机器人的底盘为麦克纳姆轮底盘，可以通过调整四个轮子的转速实现漂移动作；普通赛车的底盘不能像麦克纳姆轮底盘一样全向移动，只能通过打滑和惯性实现漂移动作。

其他区别如下：

（1）EP 机器人通常由电池供电，而普通赛车通常由内燃机或电动马达供电。EP 机器人的电力驱动系统可以提供快速响应和精确控制，而普通赛车的动力可能会有一定的滞后性。

（2）由于 EP 机器人漂移通常发生在较小的空间和低速环境中，因此安全风险较低。而普通赛车漂移可能发生在高速赛道上，对驾驶员的安全有更高的要求。

（3）由于控制方式的不同，EP 机器人漂移通常更考验技术和编程能力，操作者可以通过编写代码来实现精确的漂移动作。而普通赛车漂移更加依赖驾驶员的实时操控和驾驶技巧，对驾驶员的反应能力和驾驶技术要求更高。

2.5　闪电突袭

● 任务探究

1. 提示：闪电突袭可以看成持续地向前运动以及交替地向左前方和右前方运动。相关数据如下：

麦轮转速叠加表（向右前方运动）

运动类型	左前轮/（转/分）	右前轮/（转/分）	左后轮/（转/分）	右后轮/（转/分）
向前（100）	100	100	100	100
向右（100）	100	−100	−100	100
叠加	200	0	0	200

麦轮转速叠加表（向左前方运动）

运动类型	左前轮/（转/分）	右前轮/（转/分）	左后轮/（转/分）	右后轮/（转/分）
向前（100）	100	100	100	100
向右（−100）	−100	100	100	−100
叠加	0	200	200	0

2. 提示：首先设置变量来获取移动设备的初始角度，接着计算移动设备的相对初始角度。根据移动设备的相对初始角度计算 EP 机器人运动的速度，要求角度较小的时候 EP 机器人不做运动，角度超过±15°时才开始运动。角度越小，运动越慢；角度越大，运动越快。

• **课后拓展**

提示：云台体感控制与底盘体感控制类似，二者的区别在于底盘体感控制是将底盘的速度与移动设备的角度对应起来；云台体感控制是将云台的角度与移动设备的角度对应起来。我们可以结合云台限位的知识限制变量的取值范围。相关程度如下所示：

第3章　灯效和音效

3.1　EP 机器人上的灯

● 任务探究

1. 答：底盘灯位于底盘四周，装饰底盘装甲板，可通过编程控制其颜色和亮度；云台灯位于云台两侧，装饰云台装甲板，每个灯可以单独控制颜色和亮度；弹道灯位于发射器下方，可以增加发射水弹的视觉效果。

2. 提示：这里举出用 Python 控制 EP 机器人底盘灯呈现浅蓝色、黄色、橙色的代码：

浅蓝色：

led_ctrl. set_bottom_led(rm_define. armor_bottom_all，69，215，255，rm_define. effect_always_on)

黄色：

led_ctrl. set_bottom_led(rm_define. armor_bottom_all，255，193，0，rm_define. effect_always_on)

橙色：

led_ctrl. set_bottom_led(rm_define. armor_bottom_all，255，50，0，rm_define. effect_always_on)

它们的区别在于代码中 3 组数字的值，这 3 组数值分别对应 RGB 的 3 种颜色的亮度：越靠近 255 越亮，越靠近 0 越暗。调整底盘灯的颜色就是调整 RGB 的值。

● 课后拓展

答：RGB 的 3 个通道均可以设置为 0～255 共 256 种亮度，因此综合起来可以合成 $256^3 = 16\,777\,216$ 种颜色。

3.2　灯的控制

● 任务探究

1. 略。

2. 代码如下：

def change_color( )：

red = 255

green = 0

blue = 0

```
#逐步减少红色分量，增加蓝色分量
for i in range(256):
led_ctrl.set_bottom_led(rm_define.armor_bottom_all,red,green,blue,rm_
define.effect_always_on)
time.sleep(0.05) #调整延迟时间以控制颜色变化速度
red -= 1
blue += 1

led_ctrl.set_bottom_led(rm_define.armor_bottom_all,0,0,255,rm_define.
effect_always_on) #设置最终蓝色
change_color()
```

- **课后拓展**

  略。

3.3　声音的控制

- **任务探究**

  略。

- **课后拓展**

  略。

3.4　期中项目——唱唱跳跳的 EP 机器人

- **任务探究**

  略。

第 4 章　传感器

4.1　什么是传感器

- **任务探究**

名称	测量对象	获取的测量值	应用
例：红外深度传感器	障碍物到传感器的距离	红外深度传感器测距值	避障
声音传感器	水弹击打装甲板的声音	无	检测底盘装甲板是否被击打
红外传感器	别的 EP 机器人发射的红外光束	无	检测云台装甲板是否受到攻击

（续上表）

名称	测量对象	获取的测量值	应用
相机	相机从外界捕获的图像	识别到的视觉标签信息 识别到的单线（多线）信息 识别到的姿态信息 识别到的行人（S1）信息	图像识别
陀螺仪	EP 机器人的底盘姿态	底盘航向轴（俯仰轴、翻滚轴）姿态角	检测 EP 机器人姿态
云台电机编码器	云台电机的角度	云台电机当前的角度数据	控制云台旋转

● **课后拓展**

答：略。

4.2　装甲板

● **任务探究**

1．提示：可以使用"当任一装甲板受到攻击"的事件触发模块，通过判断不同装甲板受到的攻击做出不同的动作，扭动底盘躲闪攻击，控制云台转向做出反击。

2．提示：可以使用"当任一装甲板受到攻击"的事件触发模块，当装甲板受到攻击之后，将 LED 灯一盏一盏地进行熄灭，注意判断 LED 灯熄灭的索引。

● **课后拓展**

答：略。

4.3　红外深度传感器

● **任务探究**

提示：开启红外深度传感器测距，并根据由传感器获得的不同测量距离来播放不同的音效，不同距离设置相应的阈值。

● **课后拓展**

答：略。

4.4　陀螺仪

● **任务探究**

提示：读取底盘的翻滚角，可以通过自己的实验测试来判断在模块中翻滚角是如何进行计算的，设置有可能翻车的角度范围并进行 LED 灯的设计。

- **课后拓展**

答：略。

4.5 反馈

- **任务探究**

答：（1）大疆 GM6020 无刷电机的控制逻辑是闭环控制。

（2）TT 无人机悬停的控制逻辑是闭环控制，TT 无人机通过加速度的反馈不断调整浮力以达到浮力与重力大小相等，从而保持悬浮。

（3）机器人发射机构自动瞄准的控制是闭环控制，通过不断获得当前的姿态并与目标姿态做比较，从而不断缩小二者的差距，最终实现瞄准。

- **课后拓展**

答：略。

第 5 章 智能识别

5.1 智能的 EP 机器人

- **任务探究**

1. 答：在影视作品中，我们经常可以看到人工智能的身影。例如，《机器人总动员》中的 Eve 和 Wall-E，以及《人工智能》中的 David 等。这些人工智能表现出了各种各样的特点，有些像人类一样情感丰富，有些则是冷静理性。而在现实中，我们也可以看到越来越多的人工智能应用，例如智能客服、智能家居等。这些人工智能也具有各自的特点。

在影视作品中，人工智能通常被描绘为具有情感和思维的存在。例如，《机器人总动员》中的 Eve 拥有强烈的好奇心和情感，Wall-E 则表现出了对环境的关注和保护。而在《人工智能》中，David 是一个被设计成拥有真正情感的机器人，他可以感受到孤独、爱和悲伤等情感。影视作品中人工智能的拟人化特点让观众更容易产生情感共鸣。

在现实中，人工智能的特点则更多地表现在功能上，例如智能客服可以24 小时不间断地为客户提供服务，智能家居可以自动控制家庭环境。现实中的人工智能使得人们的生活更加便利和舒适。

2. 答：人工智能在现实生活中可以实现许多功能，例如：①语音识别。人工智能可以识别人类的语音，从而实现智能语音交互，如语音助手、智能音箱等。②图像识别。人工智能可以识别图像中的物体、场景等，从而实现图像搜索、人脸识别、自动驾驶等功能。③自然语言处理。人工智能技术可以理解和处理人类的自然语言，从而实现机器翻译、情感分析、智能客服等功能。④智能推荐。人工智能技术可以根据用户的行为和偏好，推荐相关的产品、服务、内容等。⑤数据分析。人工智能技术可以处理和分析大量的数据，从而帮助企业做出更准确的决策，如营销策略、投资决策等。

3. 答：视觉标签识别、线识别、行人识别、手势识别、声音识别、机器人识别。

● **课后拓展**

答：略。

5.2 声音识别

● **任务探究**

提示：使用智能模块前需要开启识别功能，然后利用事件触发模块编写对应事件发生时执行的程序。注意主程序需要启动无限循环，使机器人时刻保持准备状态。

● **课后拓展**

1. 略。

2. 提示：跳舞动作属于阻塞型模块，只能由停止跳舞对应的事件触发模块打断跳舞的任务。

5.3 手势/姿势识别

● **任务探究**

提示：与声音识别任务的答案类似，具体模块如下所示：

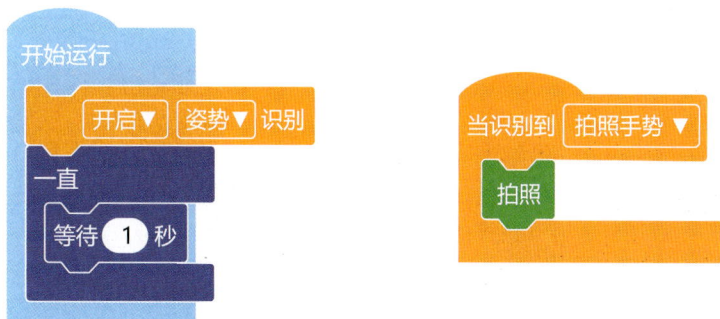

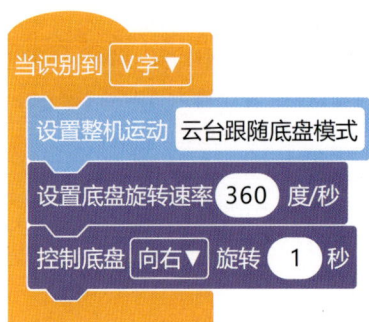

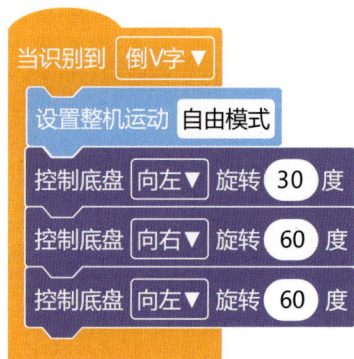

- **课后拓展**

    1. 略。

    2. 略。

5.4 视觉标签识别

- **任务探究**

    提示：利用"识别到……并瞄准"模块。

- **课后拓展**

    提示：尝试利用系统中"控制相机放大×倍"模块。

5.5 线识别

- **任务探究**

    答：相同点：数据长度都为 42。不同点：第 2 位数字不一样，因为第 2 位数据代表线的类型。

- **课后拓展**

    答：略。

5.6 行人/机器人识别

- **任务探究**

    提示：答案类似 5.2 任务探究。

- **课后拓展**

    提示：线识别的数据格式如下：

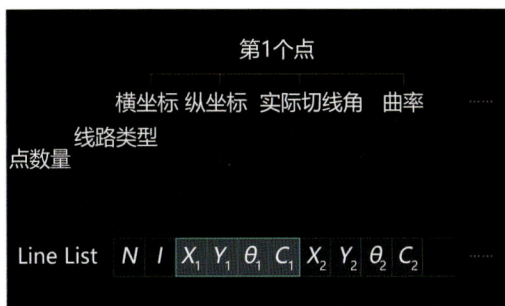

行人/机器人识别的数据格式如下：

第6章　标签跟随与巡线

6.1　视觉标签识别并瞄准

● 任务探究

提示：首先获取视觉标签信息，其次利用其中的信息计算当前视觉标签相对云台的角度，再次控制云台转动到目标方向，最后发射水弹。

● 课后拓展

提示：做法与本节任务探究类似，但有所扩展。标签信息需要重复获取直到识别到 5 个视觉标签，然后计算出 5 个视觉标签相对于云台的角度，接着控制云台依次转动到目标方向并发射水弹。

6.2　动态跟随

● 任务探究

答案程序如下所示：

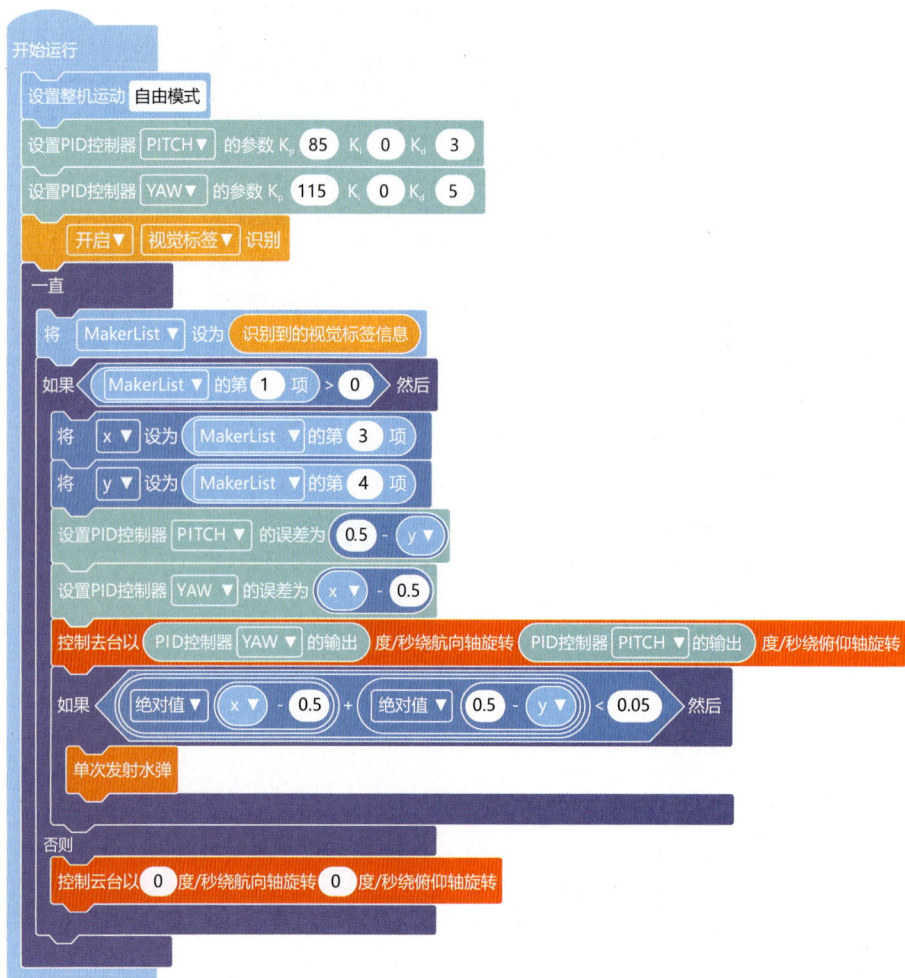

- **课后拓展**

　　提示：底盘的移动必须使用非阻塞型模块。

6.3　单线巡线

- **任务探究**

　　略。

- **课后拓展**

　　略。

6.4　巡线的拓展

- **任务探究**

　　EP 机器人巡线时直走加速，转弯减速程序如下：

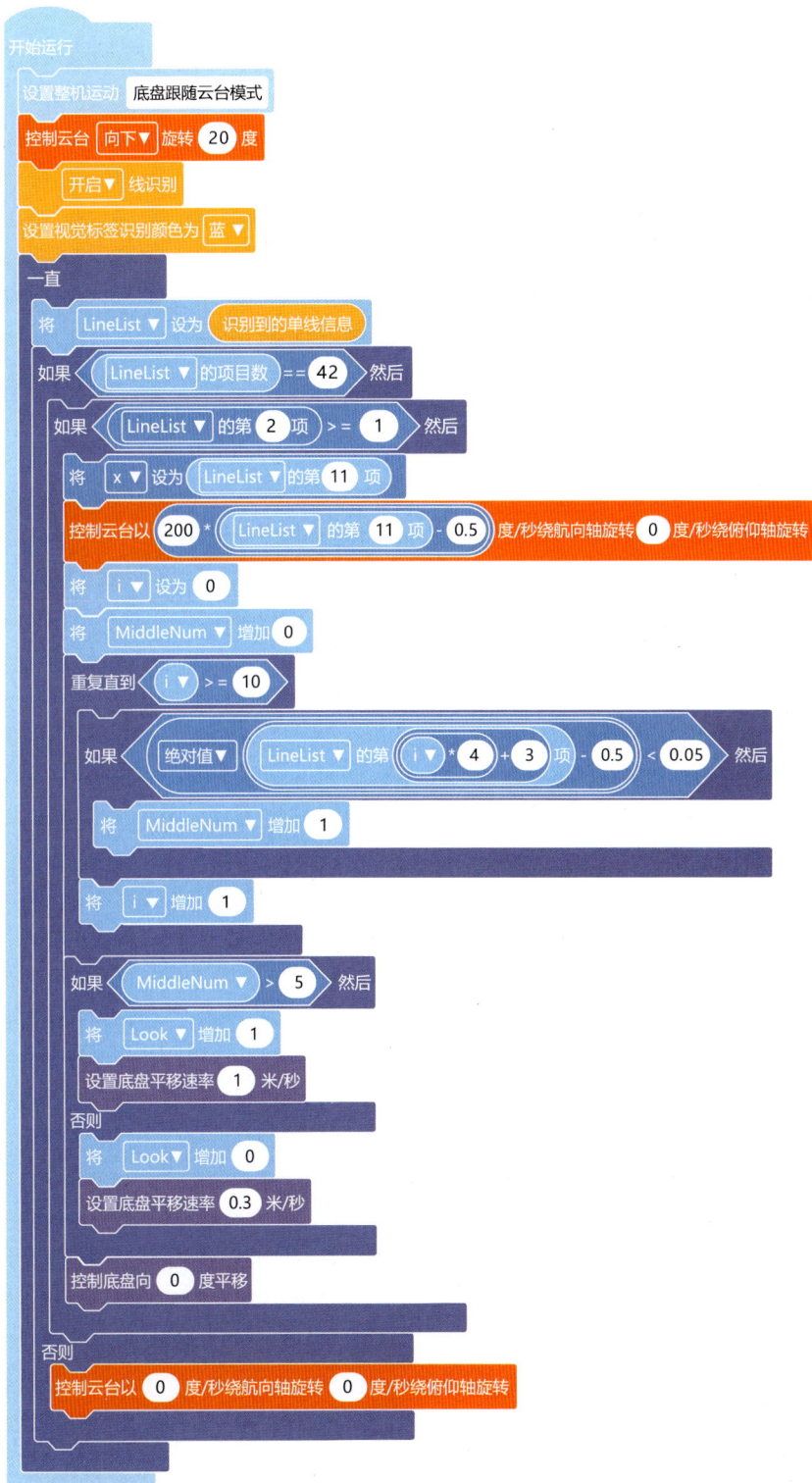

开始运行

设置整机运动 底盘跟随云台模式

控制云台 向下▼ 旋转 20 度

开启▼ 线识别

设置视觉标签识别颜色为 蓝▼

一直
    将 LineList▼ 设为 识别到的单线信息
    如果 LineList▼ 的项目数 == 42 然后
        如果 LineList▼ 的第 2 项 >= 1 然后
            将 x▼ 设为 LineList▼ 的第 11 项
            控制云台以 200 * (LineList▼ 的第 11 项 - 0.5) 度/秒绕航向轴旋转 0 度/秒绕俯仰轴旋转
            将 i▼ 设为 0
            将 MiddleNum▼ 增加 0
            重复直到 i▼ >= 10
                如果 绝对值▼ (LineList▼ 的第 (i▼ * 4 + 3) 项 - 0.5) < 0.05 然后
                    将 MiddleNum▼ 增加 1
                将 i▼ 增加 1
            如果 MiddleNum▼ > 5 然后
                将 Look▼ 增加 1
                设置底盘平移速率 1 米/秒
            否则
                将 Look▼ 增加 0
                设置底盘平移速率 0.3 米/秒
            控制底盘向 0 度平移
    否则
        控制云台以 0 度/秒绕航向轴旋转 0 度/秒绕俯仰轴旋转

- 课后拓展

略。

第 7 章　机械臂和机械爪

7.1　机械臂和机械爪的结构

- 任务探究

提示：参考图 7-19 绘制机械爪的机构运动简图。其末端连杆构成平行四边形机构，因此可以像机械臂末端一样始终保持平移运动。

- 课后拓展

提示：汽车的雨刷、雨伞的骨架、公交车的车门、订书机的开盖机构等皆使用了连杆机构。

7.2　舵机

- 任务探究

1. 提示：舵机旋转完成后需要添加"等待 1 秒"模块，使其角度稳定。

2. 提示：注意 PID 控制器的输出结果可能大于舵机最大旋转速度，需要做限制处理。

- 课后拓展

提示：在任务探究 2 的程序中添加 2 号舵机的控制模块，循环的停止条件为 2 个舵机都旋转到位。

7.3　机械臂的控制

- 任务探究

1. 提示：确保正方形的每一条边都在可达范围内。

2. 操作方法：测试机械臂当前的位置坐标，创建列表型数据保存机械臂当前位置，相关程序如下：

通过测试发现，机械爪位于夹取弹药瓶的预备位置时，机械臂的坐标为

（172，-47），因此该位置即为夹取弹药瓶的预备位置。把机械臂移动到预备位置的程序如下：

● **课后拓展**

提示：利用机械臂运动模型逆解，有关运算可在运算符中"绝对值"模块的下拉列表中找到。

7.4　机械爪的控制

● **任务探究**

1. 提示：运用阻塞型模块即等到机械爪张开这件事情完成后才进行后续的程序，也就是直到机械爪完全张开才结束程序。参考程序如下：

2. 整个任务可以分为五步：

（1）控制底盘运动到可以抓取物体的位置。

（2）控制机械臂运动到物体的抓取位置。

（3）将物体夹起并抬升机械臂。

（4）运送物体到远处的目的地。

（5）释放物体，让物体掉进盒子中。

步骤（1）控制底盘运动到可以抓取物体的位置有三种方法：

①直接控制底盘前进。因为初始位置固定，直接控制底盘可以简单快速到达物体位置。

②利用物体上视觉标签的位置和大小。底盘位置不同，其视觉标签位置和大小也不同，利用上一章的知识可以控制底盘到达物体位置，这种方法适用于底盘初始位置不固定的情况。

③利用底盘前装甲板上的 TOF 传感器。通过感知底盘与物体的距离，控制底盘运动到物体位置，这种方法适用于底盘前后位置不固定的情况。

步骤（2）控制机械臂运动到物体的抓取位置的方法是：首先确定物体的抓取位置，手动操作机械臂使得机械臂正好可以抓取物体，然后读取机械臂当前的位置，将这个位置记录下来。随后控制机械臂运动到这个位置即可。必须注意的是机械臂的初始位置与目标位置的连线可能超过机械臂的可达范围，要注意做好路径规划。

步骤（3）将物体夹起并抬升机械臂的方法与步骤（2）类似，首先找到抬升位置，然后规划从目前位置到抬升位置的路线。抬升位置要求能顺利完成步骤（5），也就是要足够高，使物体能落入盒中。

步骤（4）运送物体到远处的目的地的方法与步骤（1）类似，可以直接控制底盘运动，也可以通过 TOF 传感器控制底盘运动。

步骤（5）当机器人到位后即可释放机械爪。

• 课后拓展

答：略。

参考文献

［1］大疆创新. 机甲大师 RoboMaster S1 简介［EB/OL］. https://www. dji. com/cn/robomaster-s1/programming-guide.

［2］大疆创新. 机甲大师 RoboMaster S1 视频［EB/OL］. https://www. dji. com/cn/robomaster-s1/video.

［3］大疆创新. 机甲大师 RoboMaster EP 视频［EB/OL］. https://www. dji. com/cn/robomaster-ep/video.

［4］爱喝水的大灰狼. 无人机云台的数学模型与结构分析［EB/OL］. ［2023-05-26］. https://zhuanlan. zhihu. com/p/560537944.

［5］无敌小哆娜. 说说云台这回事儿2.0之云台的分类［EB/OL］. ［2020-05-22］. https://bbs. dji. com/thread-245100-1-1. html.

［6］FIRE CHICKEN. 麦克纳姆轮（万向轮）驱动和玩法［EB/OL］. ［2021-05-27］. https://blog. csdn. net/qq_40374812/article/details/117337556.

［7］Chad. 麦克纳姆轮运动模型［EB/OL］. ［2023-02-27］. https://zhuanlan. zhihu. com/p/609678279.

［8］范子琦. ROS 机器人学习——麦克纳姆轮运动学解算［EB/OL］. ［2021-09-09］. https://blog. csdn. net/oxiaolingtong/article/details/120198677.

［9］MAGIC_O.【图像理论】色彩空间［EB/OL］. ［2021-11-04］. https://blog. csdn. net/magic_o/article/details/121146838.

［10］机械小陈. 扬声器详解［EB/OL］. ［2023-05-19］. https://zhuanlan. zhihu. com/p/630626987.

［11］单祥茹. 基础元件介绍：传感器（一）［J］. 中国电子商情，2011（9）.

［12］孙秀丽，王培培. 前馈-反馈控制系统的具体分析及其 MATLAB/Simulink 仿真［J］. 中国集成电路，2013，22（9）.

［13］胡伟生，方佩敏. 热释电红外探测器的元器件（二）：热释电红外传感器［J］. 电子世界，2004（9）.

［14］李永，赵正平. MEMS 陀螺仪的研究现状与进展［J］. 微纳电子技术，2021，58（9）.

［15］大疆创新. ROBOMASTER EP 用户手册［EB/OL］. https://dl. djicdn. com/downloads/ROBOMASTER_EP/20220429UM/RoboMaster_EP_User_Manual_v1. 2_CHS_1. pdf.

［16］大疆教育. ROBOMASTER EP 编程模块手册［EB/OL］. https://dl. djicdn. com/downloads/ROBOMASTER_EP/20200515/%E6%9C%BA%E7%94%B2%E5%A4%A7%E5%B8%88%20RoboMaster%20EP%20%E7%BC%96%E7%A8%8B%E6%A8%A1%E5%9D%97%E6%89%8B%E5%86%8C%20V2. 0. pdf.

［17］IOFFE S, SZEGEDY C. Batch normalization：accelerating deep network training by reducing Internal covariate shift［C］//Proceedings of the 32nd international conference on machine learning. Lille，France：JMLR. org，2015.

［18］LECUN Y, BOTTOU L, BENGIO Y, et al. Gradient-based learning applied to document recognition［C］//Proceedings of the IEEE，1998.

［19］KRIZHEVSKY A, SUTSKEVER I, HINTON G E. ImageNet classification with deep convolutional neural networks［J］. Communications of the ACM，2017，60（6）.

［20］REDMON J, FARHADI A. YOLOv3：an incremental improvement［J］. arXiv e-prints，2018.

［21］孙桓，陈作模，葛文杰. 机械原理（第七版）［M］. 北京：高等教育出版社，2006.

［22］SSI Schaefer. 自动导引小车（AGV）［EB/OL］. https://www. ssi-schaefer. com/zh-cn/%E4%BA%A7%E5%93%81/conveying-transport/automated-guided-vehicles/%E8%87%AA%E5%8A%A8%E5%AF%BC%E5%BC%95%E5%B0%8F%E8%BD%A6-agv--147192.

［23］Tom. 3 米而立：万勋科技发布天龙座柔韧复合机器人［EB/OL］. ［2023-05-18］. https://news. tom. com/202305/4288309131. html.

［24］COMAU. 第四次工业革命重新定义了现代工厂内的人机关系［EB/OL］. https://www. comau. com/zh-hans/competencies/robotics-automation/collaborative-robotics/.